アルバイトから学ぶ仕事入門

佐野 薫・江利川 良枝・髙木 直人 [編著]

岡田 一範・紙 博文・豊岡 博・渡部 仁彦
奥田 悠加・山下 ひとみ・福井 康人 [著]

第2版

中央経済社

まえがき

　いつの時代でも，どんな場所でも，「働く」ことへの悩みや不安は存在していると思います。その悩みや不安は人によっても異なります。私の仕事柄，大学4年生と会話をするときには，「仕事についていけるかどうか心配です」という悩み相談を受けます。そんな時，私は「カレーを作る話」をします。カレーというものは"日本食"と言っていいほど，多くの人にとって馴染みがある料理ではないでしょうか。ところが"カレー"と一言で言っても，味や具は千差万別です。ビーフカレー，シーフードカレー，キーマカレー…。例え同じ具を用意しても完成する味が同じになるとは限りません。大事なことは，自己流の作り方をしても食べる人に「美味しい」と言ってもらえることです。つまり「美味しい」と言ってもらえる作り方を知っていることが重要です。

　仕事も同じです。仕事の依頼者に感謝されたり，喜んでもらえるからこそ，次の仕事につながります。仕事のやり方は各自異なっていても構いません。相手に喜んでもらえる仕事ができるようになればよいのです。つまり「君たち自身のやり方で相手に喜んでもらえるように仕事をすればよいのだよ」という話にまとめます。

　ところが，こんな話をすると学生たちは別の不安を覚えるようです。「自分たちは相手に喜んでもらえるだけの仕事ができるのだろうか」と。求められる仕事や社会で貢献すべきことは各々で異なりますが，それらに対して基本的に自分の持つ能力（スキル）を活用しながら取り組むことになります。問題は，求められる仕事や社会で貢献すべきことにつながるスキルを持っているかということです。日常生活や学生生活の中から自分が会社や社会で貢献できそうなスキルを見つけ，それを高められることが理想ですが，自分に適したスキルの手掛かりすら見つけられず，卒業してし

まう学生もいます。

　そこで，高校生や大学生にとって身近で「働く」ということを実感しやすい「アルバイト」に着目し，アルバイトからの目線で働くことや会社・社会を色々な分野から眺め，自分に適したスキルの手がかりを見つけてほしいという思いで，このテキストをまとめました。難しい部分もあるかもしれませんが，担当の先生方と相談して，なるべく易しい言葉で書くように心がけました。自分に適したスキルを身に付けることで，自分なりに働くことができる世界が広がるかもしれません。このテキストがそのスキルを得るためのきっかけになることを願っています。

　最後に，今回のテキストに対して貴重な原稿をお寄せいただいた諸先生と多面的にご支援をいただいた中央経済社の酒井隆様には厚く感謝を申し上げます。また数多くの素敵なイラストを描いていただいた陶山あんこ先生には多大なご協力をいただきました。第2版にあたって陶山先生にはわれわれの要望をかなえていただくだけでなく，内容を読んだ上で陶山先生側からもご提案いただきました。そのおかげで難しい内容を理解しやすい内容に仕上げることができました。陶山あんこ先生にも厚く感謝を申し上げます。

　2022年2月

執筆者を代表して　　佐　野　　薫

目　次

まえがき・*i*

学習の手引・*VII*

第Ⅰ部

アルバイトから見る仕事としくみ

はじめに・2

第1章　アルバイトとは ……………………………………………… 3

　　1　アルバイトとは　　3

　　2　アルバイトが企業組織に所属することとは？　　4

　　3　企業にとって，アルバイトも重要な人材　　5

第2章　アルバイトから見る商品管理 ……………………………… 7

　　1　コンビニの成り立ち　　7

　　2　お店の品揃えの効果　　11

　　3　他のコンビニとの差別化も大切　　18

第3章　アルバイトから見る流通 …………………………………… 19

　　1　小売業が必要なものを揃えられる秘密とは　　19

　　2　なぜ商業者が必要なのか　　20

　　3　商品を取り揃えるためには　　23

　　4　2種類の仕入方法　　23

　　5　物流を工夫すると…　　24

　　6　コンビニの業務は生きた教材　　27

おわりに・29

第Ⅱ部

アルバイトから見る自分の稼ぎ

はじめに・32

第4章　アルバイトから見る働き方 ……………………………………33
　　1　市場とは　　33
　　2　労働市場とは　　36
　　3　労働市場の売り手（労働供給者）　　37

第5章　アルバイトから見る賃金決定のしくみ …………………44
　　1　労働市場の買い手（労働需要者）　　45
　　2　労働市場における賃金の決定メカニズム　　51
　　3　さらに勉強するためには　　53

第6章　アルバイトから見る税金の概要 ………………………54
　　1　税金とは何か？　　55
　　2　税金の徴収と申告　　60

第7章　アルバイト収入にかかる所得税額の計算 ……………66
　　1　アルバイト収入と給与所得　　67
　　2　所得税の計算　　68
　　3　アルバイト収入が103万円以下の場合　　75
　　4　“働く学生”に対する控除とは？　　77
　　5　アルバイト学生と社会保険　　78

　　　6　さらに勉強するためには　　79

おわりに・80

第Ⅲ部

アルバイトから見る企業の姿

はじめに・82

第8章　アルバイトから見る企業の成績表 ……………………………… 83
　　　1　企業の成績表とは　　83
　　　2　簿記とは　　85

第9章　アルバイトから見る会計 …………………………………………… 94
　　　1　会計とは　　95
　　　2　企業の成績表（財務諸表）の具体的な中身　　95
　　　3　企業がどのくらい倒産しないかを判断することができる表
　　　　（貸借対照表）　　96
　　　4　企業がどれだけ儲けたかを判断することができる表（損益計算書）
　　　　100

第10章　アルバイトから見る企業の成績表の見方 ……………… 105
　　　1　将来性のある企業とは？　　106
　　　2　「企業が倒産しないか」を見る（安全性分析）　　106
　　　3　「企業の稼ぐ力」を見る（収益性分析）　　109
　　　4　企業の成績表（財務諸表）が読めると何が良いのか？　　111

おわりに・112

第Ⅳ部

アルバイトから見る人間関係

はじめに・*116*

第11章　アルバイトから見たコミュニケーション ………………… 117

　　1　"相手に伝える"ことは難しい？　*117*

　　2　言葉だけがコミュニケーションではない　*118*

　　3　伝え方一つで人間関係が変わる？　*119*

　　4　コミュニケーションと「聴く」　*121*

　　5　アルバイト先でコミュニケーションを実践しよう　*122*

第12章　アルバイトから見る働く意欲と欲求 ………………… 124

　　1　意欲とは　*124*

　　2　意欲と欲求　*125*

　　3　欲求段階　*126*

第13章　アルバイトから見る働く意欲の保ち方 ………………… 132

　　1　フロー現象　*133*

　　2　フロー状態　*134*

　　3　フローと社会的文脈　*136*

第14章　アルバイトにあたえる心理的要因 ………………… 138

　　1　ホーソン実験　*139*

　　2　ホーソン実験で明らかになったこと　*140*

　　3　アルバイトの心理　*142*

第15章　アルバイトと職場の関係 ………………… 144

　　1　アルバイト人材の採用　*145*

　　2　アルバイトと従業員　*146*

　　3　アルバイトにも労働意欲を持たせる　*147*

　　4　アルバイトにもハラスメントは言語道断!!　*148*

　　5　就活セクハラの事件は許せない!!　*149*

おわりに・*152*

第Ⅴ部

アルバイトを通して描く自分の姿

はじめに・*154*

第16章　自分の学生生活をどのように過ごすか？ ……………… *155*
　　1　高校・大学などの教育機関で何を学べばよいのか？　*156*

　　2　学生時代に意識してほしいこと　*156*

第17章　アルバイトを経験することの大切さ ……………… *161*
　　1　リアリティショック　*161*

　　2　課題発見　*162*

　　3　課題解決　*163*

　　4　計画された偶然性　*164*

第18章　自分の２年後を"映像化"する ……………… *166*
　　1　目標型と展開型　*166*

　　2　自分の未来を映像化する　*169*

　　3　映像化の具体的な手法　*170*

第19章　自分の２年後の映像を確認する ……………… *175*
　　1　「２年後の映像」を確認してみよう　*175*

　　　2　自分に「問いかける」　*179*

　　　3　他人がイメージできる映像を　　*183*

　　　4　早速始めてみよう　*184*

第20章　働く意欲を保つアルバイトの選び方 ································ *188*

　　　1　興味と意欲　　*188*

　　　2　能力と意欲　　*189*

　　　3　価値観と意欲　　　*190*

　　　4　役割と意欲　　*192*

　　　5　さらなる勉強のために　　*193*

おわりに・*194*

あとがき　　*197*

今後の勉強のために　　*199*

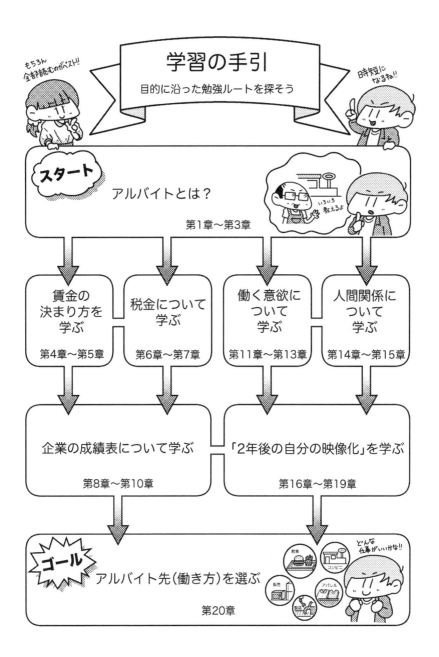

学習の手引

目的に沿った勉強ルートを探そう

もちろん
全部読むのがベスト!!

時短に
なるね!!

スタート アルバイトとは？

いろいろ
教えるよ

第1章〜第3章

賃金の
決まり方を
学ぶ

第4章〜第5章

税金について
学ぶ

第6章〜第7章

働く意欲に
ついて
学ぶ

第11章〜第13章

人間関係に
ついて
学ぶ

第14章〜第15章

企業の成績表について学ぶ

第8章〜第10章

「2年後の自分の映像化」を学ぶ

第16章〜第19章

ゴール アルバイト先(働き方)を選ぶ

どんな
仕事がいいかな!!

飲食

コンビニ

販売

アパレル

製造

第20章

第 I 部

アルバイトから見る仕事としくみ

第 | 部　はじめに

　ケイスケ君は春から大学１年生。一人暮らしをするためにアルバイトを始め
ることにしました。

　「何のアルバイトをしようかな？　やっぱり時給が高い方がいいな〜。夜勤と
　かなら時給が高いし，コンビニなら良いかも。短期間でもお金もらえそうだ
　しなぁ…。よし，コンビニでアルバイトをしよう。えーっと，コンビニのア
　ルバイトってレジと品出しと…。あとは何をするんだっけ？？」

　どうやらケイスケ君はコンビニでアルバイトすると決めたみたいですね。皆
さんも生活のためや欲しいものを買う為にアルバイトをする機会があると思い
ます。もしコンビニで働いてみると，なぜこんなにコンビニでやることが多い
のかと疑問に思うほど，様々な仕事があります。そこで第 | 部では，大雑把で
すが，コンビニの業務内容や商品管理などを取り上げます。ひょっとすると現
在コンビニのアルバイトをしている人にとっても，これまでと違った見方でア
ルバイトができるようになるかもしれません。
　それではアルバイトはどのような存在なのか，仕事とは何か，一緒に考えて
いきましょう。

第1章

アルバイトとは

イントロダクション

　そもそもアルバイトとはどのような存在なのでしょうか。身近に聞く言葉ですが，「短期的に働いて賃金を得る」だけのイメージしか持たない人がいるかもしれません。そこでまずはアルバイトとはどんな存在なのか考えることから始めてみましょう。

1　アルバイトとは

　人が働く場合，大きく2つの形態に分類できます。1つが自分で働いて自分で稼ぐ**自営業者**，もう1つが企業組織に所属し，賃金をもらう**雇用者**です。

　アルバイトは雇用者としての働き方の1つです。言い換えれば，アルバイトで働こうとすることは企業組織に仲間入りすることです。

　またアルバイトはパートタイム労働者の区分に分類されます。パートタイム労働者とは，一般のフルタイム労働者（正社員など）と比べて労働時間数の少ない者を指します。

　つまりアルバイトとはフルタイム労働者よりも労働時間は短いけれども，企業組織に所属し，企業の目的にかかわる存在なのです。

2　アルバイトが企業組織に所属することとは？

　では，企業組織に所属するとはどういうことなのでしょうか？
企業組織について，経営学者のバーナードは「人間は自由な意思を持ち，自由に行動する」と考えて理論を組み立てています。

　バーナードによると「2人以上の人が集まった集団」を**組織**として定義しています。そして組織ができ上がる要素として，次の3つをあげています。

　1つ目は，「**共通目的**」です。組織には目的がなければなりません。目的が明確ならメンバーは組織のためにどんな協力をすればいいのかを理解でき，各人が分担して仕事を行うことができるようになります。組織のメンバーはその目的をしっかりと理解していることが大切です。

　2つ目は，「**貢献意欲**」です。組織のメンバーは，組織のために頑張ろうとする意欲を持たなければなりません。自分が働いた以上に褒美がもらえると意欲が保たれ，認められなかった場合に減少します。このように，組織から与えられる褒美が貢献意欲を引き出す役目をしています。

　3つ目は，「**コミュニケーション**」です。メンバーがそれぞれの考え方や意思，意見や情報を交換したりするために必要なことです。コミュニケーションは，組織の目的を理解させる役割や貢献意欲を高める役割もしています。

　アルバイトで働く場合も，企業組織に所属して仕事をしています。だからアルバイトという立場であっても，企業組織に所属して仕事をする以上，自分の仕事の意味を理解する必要があります。

　ただし，アルバイトの働く目的はお金を稼ぐことです。だから多くの学生アルバイトにとって重要なことは，自由に使える時間を利用して，いかに効率よくアルバイトをして賃金を稼ぐかなのです。

　一方，企業の目的は企業利益の追求です。この部分を，企業組織側も理解しアルバイト人材の採用を行っているはずですが，一部の正社員にはその認識がないことから，正社員と同じ仕事を押し付ける場合もあります。このことがアルバイトに関するトラブルの1つにもなっているのです。

3　企業にとって，アルバイトも重要な人材

　「企業は人なり」という表現は，経営の神様として知られる松下幸之助氏のことばです。これは企業組織が存続できるかは，そこで働く人によって決まるという意味で理解されています。また企業組織は，採用した人材を大切に育成することが，存続の要因であるとも理解されています。

　「企業は人なり」ということばから，優秀な人材確保をすること

が企業組織の存続に直接つながります。すなわち，優秀なアルバイト人材の獲得も重要になります。しかし，優秀なアルバイト人材を獲得できたとしても，企業組織がその人材に十分な教育を行わなければ，アルバイトはすぐに辞めてしまい，さらに条件の良い企業組織に移ることが考えられます。特に学生がアルバイトで働く場合，労働の条件が良いか悪いかは最も重要です。

　ただし最近の学生アルバイトは，労働条件の中でも時給を最も重要としている場合が多く，働く環境の労働条件よりも重要とする傾向があります。

　次の章ではアルバイトを具体的に考えてみるために，身近なアルバイト先である**コンビニエンス・ストア**（以下，**コンビニ**）を取り上げ，アルバイトの目線で眺めてみましょう。

第2章

アルバイトから見る商品管理

イントロダクション

　　皆さんはコンビニやスーパーマーケット（以下，スーパー）にどの
程度行きますか。毎日，週３回…。色々な回答がありそうです。その
中にはよく行くお店があるのではないでしょうか？　ではなぜそのお
店に行くのでしょうか？

　　この章では，品揃え（しなぞろえ）という観点から皆さんが普段利用するお店を考
えるため，身近な存在であるコンビニをアルバイトの目線からとらえ
てみたいと思います。

　　コンビニは特別なスキルを必要としないことや時間の融通が利くな
ど，学生にとって気軽なアルバイト先として選ばれているかもしれま
せん。しかしコンビニでのアルバイトは，商業学や流通論を学ぶ上で
も非常に役立ちます。そのことを理解するために，まずなぜコンビニ
のアルバイトの募集が多いのか，どんな業務があるのか，コンビニの
成り立ちとともに考えてみましょう。

1　コンビニの成り立ち

①　コンビニの歴史

　　コンビニは1927年にアメリカで設立されたサウスランド・アイス
カンパニー（氷の製造販売店）が起源となります。当時の家庭用冷
蔵庫は氷で冷やすタイプであり，サウスランド・アイスカンパニー
ではそのために必要な氷を夏は週７日，１日16時間営業で対応して

いました。営業をしていくうちにお客さんからの要望で，氷以外に
も牛乳やパン，卵，缶詰などを取り扱うようになり，お客さんにとっ
て利便性（りべんせい）の高い店舗となっていきました。この時間的・距離的・品
揃的便利さの価値を提供していることが大きな武器となり，1946年
に店名を朝 7 時から夜11時という営業時間にちなんで「7-
ELEVEN」とし，現在のコンビニ業態の基本的なコンセプトが成
立していきます。

　アメリカで誕生したコンビニという業態は，カナダ・メキシコ・
イギリスと海外展開を経て日本にも導入されることになり，1971年
に愛知県春日井市にオープンした「ココストア」が日本で最初のコ
ンビニです。その後は，イトーヨーカ堂がセブン‐イレブンを，イ
オンがミニストップを，ダイエーがローソンを，西友がファミリー
マートを，ユニーがサークルK（現：ファミリーマート）を開発し
たように，大手スーパーが主体となり日本のコンビニの多くは設立
されました。

　この時代にスーパーがコンビニという業態に進出したのは，1974
年に施行された大規模小売店舗法という法律が関係しています。こ
れは大型店の設置を規制の対象に含めた法律です。そこで大規模小
売店舗法の規制のかからない小型店としてコンビニを展開すること
で，企業としての成長を目指すようになったのです。

②　フランチャイズ・チェーン（FC）方式

　日本のコンビニはもともと酒店等の中小小売商を営んでいた店舗
がフランチャイズ・チェーン（FC）という形で転身したケースが
多くあります。FCとは本部企業（フランチャイザー）が全体的な
運営を計画し，指導，管理したり，商品を仕入れたりと加盟店舗が
経営しやすいしくみを作り，契約を結んだ加盟店（フランチャイ

ジー）は商標（店舗名）や商品・サービス，経営指導を受け，営業
活動を行う経営形態です。

　本社と各店舗はフランチャイズ契約で結ばれた別会社で経営され
ています。具体的にはコンビニ，カー用品店等の小売業，ファミリー
レストラン，ファストフード，居酒屋等の飲食業，学習塾，ホテル，
クリーンサービス等のサービス業と幅広い業界で展開されています。

　店舗運営を効率的に進めるために，本部は出先の事業所等にスー
パーバイザー（SV）という店舗運営のアドバイザーを配置します。
このSVが各店舗の経営指導における責任者となり，店舗の売上が
上がるようにさまざまなアドバイスをします。SVは一人で5〜10
店舗を担当し，週2〜3回店舗を訪問し，店舗運営を指導しています。

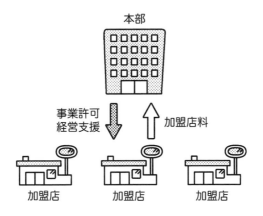

③　コンビニにとってのアルバイトとは

　日本でコンビニのフランチャイズ・オーナーになるためには，
「家族で従業する」という条件を満たすことが必要でした。家族で
従業するということは夫婦や親子など3親等以内の従業員が2名以
上いなければなりません。すなわち日本のコンビニは家族経営を基
本として展開されています。

　しかし近年はこの同族経営によって事業を継ぐ人材が見つからないケースがあります。そこで 3 親等以内に限っていた継承者をオーナーの子の配偶者までに緩和して人手不足問題に対応しています。1 つの店舗で働く従業員，特に正社員はオーナーとその家族が一般的ですので人手が当然足りません。だからコンビニを経営していくうえでアルバイトは欠かすことができない人材なのです。

④　アルバイトの具体的業務

　では，コンビニのアルバイトの具体的業務はどのようなものでしょうか？　大きな業務内容にレジ打ち・調理・品出し・陳列・発注があります。

　まずはレジ打ちを見てみましょう。お客さんが店内の棚から選んできた欲しい商品を精算し，お弁当などは要望に応じて温め，袋詰めや会計をすることが，基本的業務です。近年のコンビニは業務が多様化しており，レジ打ちの内容も複雑化しています。

　例えば，お客さんが持参した公共料金や税金の支払用紙や振込用紙を読み取り，それらの支払代行を行うことです。それ以外にも，チケットの発券，宅配物を預かり，宅配業者へ引き渡す宅配サービス関係，郵便切手や収入印紙といった郵便関係の取扱いもレジ打ち業務に含まれます。

　　次に調理です。近年のコンビニではコーヒーやから揚げ等を店舗で調理してお客さんに提供するようになっています。

　　続いて品出し・陳列です。品出しとは仕入れた商品を段ボールやカートから取り出す業務，陳列とはそれらを棚に並べる業務のことです。コンビニでは少人数で店舗の人員を配置するので，これらの業務はお客さんが店舗にいない手が空いた時間に行います。

　　そして発注です。発注とは販売している商品の数が不足して補充する必要があるものを注文する業務です。発注業務は店長などの正社員が行うことが多いですが，時と場合によってはアルバイトが行うことがあります。発注の作業自体は難しくありませんが，発注量を適正にしなければならないので，日々の売れ行きだけでなく，天候や店舗周辺のイベント等に目を光らせておく必要があります。ゆえに，数字を読み，将来を予測する情報活用能力が求められます。発注業務ができるようになると，販売商品を管理する責任や面白味を感じるかもしれません。

Q. もしコンビニでアルバイトをするとしたら，どんな仕事に興味がありますか？　それはなぜですか？

2　お店の品揃えの効果

　　コンビニなど，小売業の役割を「社会的売買の集中」と言います。

　「社会的売買の集中」とは，(1)生産者に代わって消費者に商品を販売する役割と，(2)消費者に代わって生産者の商品を購買する役割，の2つを担う，つまるところの売買を集中させることを言います。ただしどんな商品でも揃えれば良いかといえばそうではありません。企業として存在している以上は，市場で利益が見込める商品を揃えなければなりません。

　この節では"お店の品揃え"に注目して，なぜ品揃えに力を入れているのか，お客さんのほしい商品を揃えるためにどのような工夫があるのか考えてみましょう。

① 機会損失

　皆さんは在庫と聞いてどのようなイメージを持つでしょうか？倉庫やバックヤードにある状態のものをイメージするかもしれません。しかし一般的には店頭に並んでいる商品，バックヤードに保管されている商品の区別はなく，店のどこかにあれば在庫とみなします。商売をしている以上，お店は在庫が必要なのです。なぜならお客さんが欲しいと思う商品を欲しい時間に陳列できないと**商品を売る機会を失い**，最悪の場合，**お客さんを失う恐れがある**からです。このことを**機会損失**と言います。

②　在庫損失

　　仕入れた商品が全て売り切れたからといって今回の仕入量は適切だったと素直に喜んではいけません。もしかしたら，多くのお客さんが「売り切れていて買えなかった」と不満を持っているかもしれないからです。売り切れも１回や２回であれば問題ないかもしれませんが，何度もその状態が続くと，結果的にお客さんがお店に来ないという大きな問題に発展するかもしれません。

　　一方，売れ残った商品はよく目に付きます。当然ながら売れ残ると売上を逃すことになります。また値引き販売すれば利益を減少させ，企業の業績を悪化させます。この在庫による損失を**在庫損失**といいます。

Q. 機会損失と在庫損失の違いを確認してみよう。

----

③　在庫管理

　　売れる機会を逃さないように，また売れ残らないようにするための仕入計画は非常に重要です。このことを言うのは簡単なのですが，実際に消費者の需要に対して，供給を一致させることは非常に難しいことなのです。そこで在庫管理が必要なのです。

　　在庫管理とは機会損失と在庫損失を最小限度に抑え，適正な在庫量を保つために在庫を管理することです。

　　では，なぜ在庫管理が必要なのでしょう。2つの理由が考えられます。

　　1つ目の理由は消費者に適切なタイミングで適切な商品を提供するためです。消費者にはニーズがあり，自らが欲するものの多くを店頭で購入して手に入れています。したがって消費者が望む商品は店頭に並べられなければなりません。コンビニなどの小売業は，多種多様な生産者が生産する商品を仕入れ，品揃えをすることで消費者を引き付ける役割を担っています。

　　アイスを買う場合をイメージしてください。ガリガリ君だけが売られている店舗と，ガリガリ君に加えジャイアントコーン，ハーゲンダッツが売られている店舗のどちらに魅力を感じますか？　おそらく選択肢が多い店舗ではないでしょうか。その意味からも市場で

売上が見込める商品を仕入れ，消費者に提供しなければならないのです。

　2つ目の理由は企業の活動資金を確保し，キャッシュフロー（お金の流れ）を増やすためです。企業は利益が出なくてもすぐに倒産することはありません。しかし利益が出ていても手元の現金がなくなり資金繰りに行き詰まると倒産することもあります。つまり，在庫を多く抱えるということは，回収できるはずの現金が回収できていない状態になるので，資金繰りが苦しくなる可能性が高くなります。

④　コンビニの在庫管理

　コンビニの平均的な店舗面積は約100㎡，そこに約2,500～3,000品目の商品が並べられています。この規模の店舗内でこれだけ多くの商品を陳列するためには売り場を可能な限り広くすると同時に，在庫を置くバックヤードを可能な限り狭くする必要があります。究極の理想はバックヤードが全くなく，店頭に並んでいる商品だけが在庫で，それ以外の在庫は1つもない状態です。

　なぜなら売場面積を広くすることができるし，売れ残るリスクも小さくなるからです。また，売り場にある店頭在庫も可能な限り早く回転させたいと考えています。コンビニも在庫損失や機会損失を発生させないように，適正仕入と適正販売のメリハリのある商品発注が重要なのです。

　なぜここまでしないといけないかと言うと，名前の由来からも明らかなように，コンビニの基本的なコンセプトは年中無休・長時間営業，近くにあるという最寄りの立地で消費者に利便性を提供することだからです。消費者はコンビニに対して低価格販売を求めているわけではなく，利便性を求めています。そのニーズに応えるため

に定価販売を行い，安売りではなく利便性の提供を武器にお客さんを獲得しています。限られた広さで多数の販売アイテムを取り揃えるコンビニでは売れ筋商品だけを陳列する必要があり，そのためには何が売れていて，何が売れていないのかを見極めなければなりません。

　では，どのようにして売れ筋商品と売れていない商品を見極め，魅力ある商品を店頭に陳列しているのでしょうか。コンビニの主力商品はおにぎり，弁当，飲料，雑誌，日用雑貨です。これらのどのカテゴリーにおいてもお客さんが求める時間に陳列しなければなりません。陳列された商品を単品ごとに販売実績などに基づき在庫量を勘案する意思決定が必要です[1]。この単品ごとに販売実績に基づき在庫を勘案することを**単品管理**と呼びます。

　コンビニは単品管理するために**POS（Point of Sales）システム**を導入し，会計する際に使うレジにも，商品を陳列する店員が手にする専用端末にも本部とつながる通信ネットワークを構築しています。POSシステムとはお客さんが買う商品の売上情報を単品ごとに把握して，仕入や在庫管理に活用するためのシステムです。

　このシステムによって「どんなお客さんが，いつ，何を，何と一

1　勘案…あれこれと考え合わせること

緒に買っていったのか」という購買データを蓄積することができます。本部はこの情報を基に「どんな条件の時に何がどれくらい売れるのか」を分析して，各店舗に情報を戻します。戻されたデータを基に発注担当者は**自店の状況を考え，売れそうな商品がタイムリーに店頭に並ぶように発注商品や発注量を考える**のです。

　先ほど説明したように，コンビニでは約2,500〜3,000品目の売れ筋商品だけを陳列しています。商品管理の最小単位を**SKU（Stock Keeping Unit）**と呼びます。これは同じ銘柄であっても，容器や容量，ホットかアイスかが異なれば，それらは全てSKUにカウントされ，１SKU，２SKUのように数えます。つまり，商品管理においては同じコーラであっても，350mlの缶ジュースと500mlのペットボトルでは別物として捉えられています。

　コンビニではデータの解析から割り出された回転率が低く，売れていない商品を次々と別の商品に入れ替えます。**商品回転率とは一定期間内に商品がどれだけ売れたかを示す指標のことです。**その結果，回転率の高い売れ筋商品ばかりが陳列され，余分な在庫が大幅に減少されます。単品管理のおかげで物理的に限られているなかでも，在庫水準を減らして約3,000ものSKUを取り揃え，更新していきます。

3　他のコンビニとの差別化も大切

　　コンビニが品揃えに力を入れる理由とはどこにあるのでしょうか？　ここでまとめてみましょう。コンビニは小売業なので，小売業という観点から考えていきます。

　　小売業の特性は売れる商品を品揃えしてお客さんに提供することです。しかもコンビニは利便性を武器に生活必需品を提供する小売業であり，その日その時間に欲しい商品を取り揃えることを求められるので，品揃えにより力を入れることになります。その結果，どのコンビニでも似たような品揃えになり，他社との差別化ができなくなってしまいます。

　　そこで他のコンビニとの差別化が大切になります。これまでコンビニが取り揃えてきた商品は，メーカーが作った商品です。しかし，メーカー商品を取り揃えるだけでは他のコンビニと差別化ができません。そこで自社商品を開発して他社との差別化を図るようになりました。本来であればコンビニなどの小売業は商品開発をしませんが，近年では店舗数が増え販売チャネルを確保できたこともあり商品開発にも進出するようになったということです。

　　このようにコンビニでは消費者に利便性を提供するというコンセプトは変えないまま，その方法を常に変化させているのです。

Q. コンビニが品揃えに力を入れる理由は何だったでしょう？

アルバイトから見る流通

第2章では，コンビニの業務内容や在庫管理について説明してきました。コンビニは，必要なときに必要な商品を取り揃えることができると説明しました。このことは一見当たり前のように思えますが，それを支える流通という仕組みがあるから実現できるのです。そこで第3章ではより視点を大きくして，流通業全体の動きとして，流通とは何かについて説明していきます。

1　小売業が必要なものを揃<ruby>揃<rt>そろ</rt></ruby>えられる秘密とは

　流通とは生産者が消費者を求め，消費者が商品を求める活動によって作り上げられる仕組みです。近年増えつつありますが，生産者が生産した商品を直接消費者に販売することはまだまだ少数です。なぜなら生産者は商品を生産する専門家に徹することが多く，販売を販売の専門家である卸売業者や小売業者といった**商業者**に委ねるからです。そのため消費者は，商業者を介して欲しい商品を手に入れています。したがって生産者が生産した商品は商業者を経て最終的に消費者に届くので，生産者も消費者も流通という仕組みに関わることになるのです。

　このように商業者が生産者と消費者の間に介在する流通を**間接流通**と呼びます。なお商業者が介在せず生産者と消費者が直接取引をする流通は**直接流通**と呼ばれます。

2 なぜ商業者が必要なのか

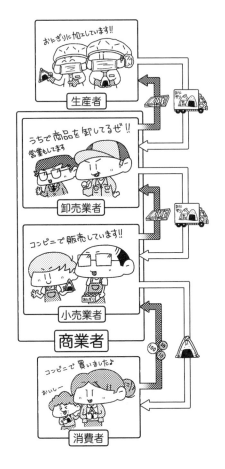

　もう少し商業者の役割に注目してみましょう。商業者の役割は「消費者に売るために買う」ことです。これを「再販売購入」と呼びます。なぜこのような役割が必要なのでしょうか？

　なぜなら**生産者と消費者の間には様々な隔たり**があるからです。商業学や流通論ではこの隔たりを**懸隔**（けんかく）と呼びます。なお懸隔とは「かけ離れていること」という意味です。

　私たちは他の誰かが生産した商品を購入し消費しています。このことが可能になるには，流通という仕組みの中で商品を手に入れているからです。つまり流通とはこの生産者と消費者の間にある様々な隔たりを埋める活動であり，商業者は懸隔を埋めるために大きな役割を果たしているのです。ではどのような懸隔があるのかみていきましょう。

　まず作る人と使う人が違う懸隔を人的懸隔といいます。私たちは欲しい商品の多くを購入することで手に入れています。商品を購入することで，自由に使うことができます。なぜなら購入することで「所有権が移転」するからです。つまり，作る人と使う人が違う人

的懸隔は売買をすることで埋められるということです。

　私たちが使う商品は生産される場所・時期と，消費される場所・時期が異なっていることが多いのです。例えばお米は田んぼで作られ，主に秋に1年分の消費量が収穫されますが，家庭では1年中食べることができますよね。ここにも懸隔が発生していて，生産される場所と消費される場所が違うことを場所的懸隔，時間が違うことを**時間的懸隔**といいます。

　場所的懸隔を埋めるためには「物流」という役割が必要になります。物流とは「物的流通」のことで，流通の中で発生する場所の違いを埋める物理的な商品の流れのことを言います。具体的にはトラックや，電車，飛行機等を使って生産された場所から消費される場所まで実際の商品を届ける活動のことです。近年では「Uber Eats」や「出前館」といった飲食店の商品を消費者の元まで届け，場所的懸隔を埋める専門の仕事も生まれています。

　生産された商品がすぐに手元に届く必要はありません。欲しい商品が欲しい時に届くことが大事なのです。秋に収穫されたお米がまとまって1年分家庭に届くよりも，欲しい時に欲しい量だけ届いたほうが良いですよね。

　この時間的懸隔を埋めるために商業者や倉庫業者等が「保管」という役割を果たしています。商品が保管され商品の価値が保たれて

いることで**時間的懸隔**が埋められるのです。

　私たちは自分が必要な商品の量を使っています。お米も生産者が作る量と，家庭で消費する量は違いますよね。この必要とする量の違いを**量的懸隔**と言います。私たちは1食でお茶碗1杯ないし，2杯のお米があればお腹は膨れますよね。しかし生産者は1年間で何トンものお米を作っているわけです。そのお米が卸売業，小売業と流通していく中で，それぞれが必要とする単位に分けられていきます。

　この量的懸隔を埋めるためには商業者が必要になります。商業者は自社のお客さんが必要とする単位で商品を販売します。このようにして商業者がいることで，生産者から消費者までの量的懸隔が埋められていくのです。下記に4つの懸隔をまとめておきます。

人的懸隔………生産者と消費者が異なることによって生じる懸隔

場所的懸隔……生産される場所と消費される場所が異なることによって生じる懸隔

時間的懸隔……生産される時間と消費される時間が異なることによって生じる懸隔

量的懸隔………生産される単位および数量と消費される単位および数量が異なることによって生じる懸隔

　流通の社会的役割は，これらの懸隔を適切に埋める活動をすることです。この懸隔が適切に埋められることで商品やお金が滞りなく流れることになります。そのためには流れを作り出す商業者と，それを担う物流機能が必要となります。ここではコンビニの物流機能に絞って見ていきましょう。

Q. 懸隔とはどのようなものだったのでしょうか？ それぞれの懸隔を埋める
ために必要な活動をまとめてください。

----

3 商品を取り揃えるためには

　　コンビニは消費者に最も近く，多くの懸隔を埋め，生産者と消費
者とをつなぐ役割を果たしています。コンビニで売られている商品
を思い描いてみましょう。例えば缶ビールの棚を覗くとアサヒ，キ
リン，サントリー，サッポロ，オリオンなどの商品が並んでいます。
カップラーメンの棚を覗いても複数の生産者の商品が並んでいます。
このようにどの商品においても，多種多様な生産者の商品を取り揃
えることが重要なのです。

　　ではどのような仕組みで商品を揃えているのでしょうか？　まず
は仕入から見てみましょう。

4 2種類の仕入方法

　　コンビニの仕入は**本部による仕入**と**各店舗による仕入**の2種類が
あります。

① 本部による仕入

　　本部による仕入とは，FC方式を採用しているので，本部が各店
舗の商品の仕入を一括に行うことです。

　　本部が各店舗の商品の仕入を一括に行うことで**規模の経済**が働き，

低価格仕入が可能となります。規模の経済とは同じ製品や事業では，生産量や仕入量が大きい方が，１単位当たりの費用が低くなることを指します。たとえばコンビニ最大手のセブン-イレブンは約21,000店舗（2021年12月末）あります。ある商品が１日に１店舗で１個売れたとしても，全体でみれば21,000個売れ，それだけの仕入量が必要になります。これだけの量を一括して仕入れるということは，必然的に仕入価格が下がります。

②　各店舗による仕入

　　各店舗による仕入とは，本部が仕入れたオススメ商品の中から自分の店舗に必要な商品を発注することです。しかしここでは注意が必要です。なぜなら本部が仕入れる商品選択は特別な制約を受けませんが，各店舗が仕入れる商品は本部が選んだものの中から選択する以上，本当に自らが欲する商品を仕入れられない可能性も含んでいるからです。

5　物流を工夫すると…

　　このような制約がありながらもコンビニはできる限り多くの種類の商品を取り扱い，多様なお客さんの要望に応えようとしています。しかし，限られた店舗で運営している以上，扱うことができる商品の数には限りがあります。１品目当たりの在庫を少なくすることや，１種類当たりの品目数を少なくして，できる限り多種類の商品を陳列する工夫が必要なのです。

　　さらに，扱う商品が増えれば増えるほど在庫管理は複雑になっていきます。この複雑化する問題にPOSシステム等のツールを用いて情報を活用し，需要量に見合った量の商品を効率的に仕入れています。この複雑化する問題にPOSシステム等のツールを用いて情報を

活用し，需要量に見合った量の商品を効率的に仕入れています。しかし，それらの商品は消費者が手に入れたいと思うタイミングで店頭に陳列されなければ意味がありません。

　それには実際に商品を運ぶ物流活動が不可欠です。物流は重要な活動ですが，実感はそこまでないかもしれません。

　しかし台風や大雪になって店頭に商品が届かないといったニュースを聞いたことがある人もいると思います。そのような時になって物流の大切さに気が付くのではないでしょうか。私たちが欲しい商品が欲しい時に手に入っているのは，物流が正常に動いているからなのです。

　また物流は商業者の業務運営を支えたり，コスト削減，利益を増加させたりする役割を担っているのです。ではどのようなことが実施されているのか，セブン-イレブンのケースを見ていきましょう。

セブン-イレブンのケース

　セブン-イレブンは**多頻度小口配送**と**集中（ドミナント）出店**という高度な流通機能を構築してきました。しかも多頻度小口配送を共同配送という形で進めてきました。かつては生産者が卸売業者を統制しており，同じ缶ビールを配送する場合でも同業他社の商品を同時に配送することはなく，1店舗への1日当たりの配送台数は約

70台必要でした。

　そのような状態では通常業務をこなしながら1日約70台ものトラックから納入される商品を検品，陳列しなければならず，効率的ではありません。そこでセブン–イレブンの場合，共同配送センターを設け，発注された多種多様な生産者の商品を集め，一括して店舗に配送するしくみを構築しました。

　それに加え配送する商品を保管温度に応じて5種類に分類し，それぞれの店舗が発注した商品を，適切なタイミングでこまめに届けています。これが**多頻度小口配送**です。この結果，1店舗当たり1日に必要な配送台数は10台程度まで抑えられるようになりました。

　しかし，そうした配送では，トラックの大きさに比べ各店舗に一度に運搬する量は少なくなります。そこで**集中（ドミナント）出店**が重要になります。

　新規でセブン–イレブンが1店舗オープンすると，近くの地域に数店舗オープンすることを感じたことはないでしょうか。セブン–イレブンは限られた地域に10店舗前後を展開する戦略をとっています。1店舗当たりの配送量の少なさを，複数店舗でカバーするからです。しかも，限られた地域に出店することで配送の効率を実現しています。

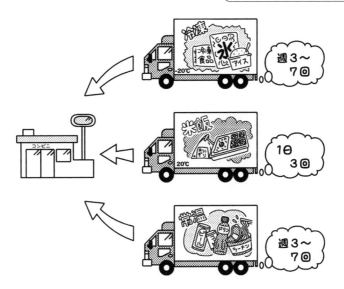

　こうしたしくみで，在庫のスペースの少なさをカバーし，お客さんが欲しい商品をいつでも買うことができる便利な状態が作り上げられているのです。

Q. 多頻度小口配送とドミナント出店とは何か確認してみよう。

6　コンビニの業務は生きた教材

　ここまで見てきたようにコンビニの業務は多岐に亘っており，生きた教材として奥深いものであることに気が付いてくれたでしょう

か。コンビニでアルバイトすると，レジ打ちをしてお客さんとコミュニケーションを取りながら，コミュニケーション能力を高めることができます。そしてそれ以上に商品の流れ，在庫管理，発注する場合の需給バランスを考えての情報活用能力といった様々な力を身に付けることができるのです。

　これらはコンビニでのアルバイトに限らず，スーパーマーケットやドラッグストアといった流通産業でも身に付けることができます。もしこのような業界で働きたいと考えたならば，ぜひ商業学や流通論の中で小売業の必要性や役割を理論的に学んでほしいと思います。

　過去の歴史性を学び，小売業の業態が発展してきた経緯を理解することや，膨大に生み出される商品の中でも，売れ筋商品として残っていくもの，残念ながら売れ筋商品とはならずに市場から撤退する商品の理由を分析してほしいと思います。

　そしてこれらを通じて過去の歴史性から共通点を見つけ出し，将来を予測する力，発注業務のところでも少し触れましたが，手元にある過去の情報や周辺環境の変化を組み合わせ，次の提案をしていくための情報活用能力を身に付けてほしいです。

第1部　おわりに

　「なるほど。コンビニの業務は，レジ・商品出し・チケット発行・宅配荷物の受け取り・商品の仕入れなどいろいろとやることがあるんだなぁ。専門用語が出てきたけど理由と具体例をセットで考えたら覚えられるかもしれないな！　アルバイトしているときも機会損失や在庫損失のことを考えながら仕事してみようかなぁ？」

　いかがでしたか？　ケイスケ君のように具体的な仕事内容とセットで専門用語を覚えるのは良い考えですね。今回はアルバイトを経験していない人にもわかるようにコンビニを扱いました。アルバイトは「短期的に働いて賃金を得る」だけと考える人がいると思います。しかし「アルバイトは社会経験ができる場所」と言われ，勉強できるのはコンビニのアルバイトだけではありません。どんなアルバイトをするときも，今やっている仕事がどうして必要なのか，どんな役割を持っているのかなど考えることが大切です。仕事内容が理解できれば，仕事の効率アップにもなり，さらに自分自身の成長へとつながると思います。

　アルバイトをなんとなく始めた方，お金が欲しくて始めた方でも，アルバイトをする中で色々な勉強ができることを学んでほしいと思います。

アルバイトから見る自分の稼ぎ

はじめに

　　コンビニのアルバイトを始めて数か月。ケイスケ君はようやく仕事に慣れて
きました。

「アルバイトがどんな存在か，コンビニの業務内容もちょっとは理解できたか
な～。でもやっぱりアルバイトするならもう少し高い時給が欲しいなぁ。ま
だまだ欲しいものがあるし，友達と旅行に行きたいし…。お金欲しいなぁ…。
でもそもそも時給ってどうやって決めているんだ？」
「そういえば，アルバイトしすぎたら税金も払わないといけないよな。先輩に
聞いたけど，来月年末調整？　があるって言っていたけど…。聞いたことな
い言葉だなぁ，どういうことだろう…？」

　　数か月働いてケイスケ君は仕事以外のところにも目が行くようになったよう
ですね。そこで第Ⅱ部では，仕事をしてお金をもらうのはあなたの働きの対価
として企業が支払っているということ，雇い主（アルバイト先の店長など）が
時給いくらで何人アルバイトを雇うか決めているということ，そして税金につ
いて，ケイスケ君と一緒に学んでいきましょう。

第4章

アルバイトから見る働き方

イントロダクション

　皆さんは，いくらの時給のアルバイトを望んでいますか？　仕事内容にもよると思いますが，自身ができると考えた仕事内容であれば，その賃金（きんぎん）（給料）は高ければ高いほどよいと考えるのではないでしょうか。まずは市場（しじょう）のしくみの理解を深めつつ，労働市場について考えてみましょう。

1　市場（しじょう）とは

　市場とは，商品やサービスについて，売り手と買い手が取引を行う場です。例えば，野菜や果物，魚などの卸売市場（おろしうりしじょう）におけるように競売人（きょうばいにん）が存在し，買い手と売り手の間を取り持つ場合もあれば，近くのコンビニやスーパーマーケット（以下，スーパー）のように，売り手から価格が提示されて買い手がそれを買うかどうか決定する場合もあります。

　一般的に，同じような商品・サービスを扱う売り手は多数存在します。例えば，スーパーは多くの地域に存在し，そのことは買い手・売り手双方が知っています。もしA店とB店という異なるスーパーが隣同士に並んでいて，同じ産地で同じ見た目のリンゴを扱っているとします。そしてA店とB店は同じ量だけ仕入れましたが，それぞれ異なる価格で売っているとしましょう。さて皆さんはどちらのお店で購入するでしょうか。

　多くの人はなるべく安く購入したいと考えるため，どちらが安い
か調べ，安いほうで買うことを選択するのではないでしょうか。例
えば，ある日Ａ店は１個100円，Ｂ店は150円で販売したとします。
買い手は価格を比較しＡ店のほうがＢ店よりも価格が安いとわかれ
ば，Ａ店でリンゴを購入し，その結果Ａ店ではよく売れ，Ｂ店では
ほとんど売れなくなります。ここで注目することは，価格が決まる
と売れる量も決まるということです。

　そしてＢ店にとってリンゴがあまり売れないということは自然と
売れ残りが発生していることになります。第２章で説明したことで
すが，在庫損失も機会損失も発生させないようにすることが店舗経
営には大事です。とはいってもこの場合はＢ店ではすでに売れ残り
が発生し，在庫を抱えているため，価格設定に失敗しています。在
庫として保管しておいても腐ってしまうため，売り切るために次の
日Ｂ店はＡ店よりも安い価格をつける選択に出るかもしれません。
そうなると今度はＢ店ではよく売れ，Ａ店ではあまり売れなくなり
ます。このように互いに価格を下げていくと，両店とも赤字になる
かもしれません。その結果，互いに店舗を維持していくためには，
Ａ店とＢ店は同じ価格で販売することとなるでしょう。

　上記の例は少し極端な例ですが，一般的に多くの買い手や売り手

　の行動によって価格や取引数量は自然と決定されます。多くの買い手と売り手が存在し、それらによって取引価格（市場価格）が変化しない市場を**競争市場**と呼びます。

　この関係をグラフに書いてみましょう。横軸を数量、縦軸を価格とすると、買い手の価格と数量（需要量）の関係を表したグラフを**需要曲線**（図表4.1の①）と呼び、一般的に右下がりの関係となります。一方、売り手の価格と数量（供給量）の関係を表したグラフを**供給曲線**（図表4.1の②）と呼び、一般的に右上がりの関係となります。需要曲線と供給曲線を1つの図に描いたとき、図表4.1のような図を描くことができます。

　経済学では需要曲線と供給曲線の交点を**市場均衡点**もしくは**市場均衡**と呼びます。そして市場均衡点における価格を**均衡価格**、数量を**均衡取引量**と呼びます。

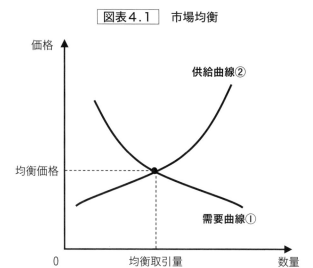

図表4.1　市場均衡

2　労働市場とは

　　図表4.1は見たことがある人も多いのではないでしょうか。同様に労働市場でも，多くの買い手と売り手が存在します。先ほどの例と異なる点があるとすれば，買い手と売り手の中身が入れ替わっている点です。つまり労働市場の買い手とは企業であり，売り手とは消費者になります。そして買い手と売り手の間で労働サービス（労働力）が取引されます。

　　例えば，企業は雑誌やインターネットを通じて「時給1,000円でレジの仕事をする人募集」と出せば，アルバイトをやりたいと考えている消費者が応募するのです。労働市場において，アルバイトの賃金や雇用人数も，買い手と売り手のバランスによって決まるのです。では労働市場の売り手，買い手についてもう少し詳しく見ていきましょう。

3　労働市場の売り手（労働供給者）

　現代社会を見ると，多くの人は，様々な商品やサービスを購入したいと考え，それに対して支出を行っています。しかし商品やサービスを購入したくても，基本的には宝くじに当たったり，親から遺産をもらったりしていないなど，自分の手元にお金があるとは限りません。多くの人は，お金を稼ぐために自身の持つ労働サービスを提供し，それにより収入を得るのです。

　そして収入が多ければ多いほど，多くの商品やサービスを容易に手に入れることができます。そのため労働市場で自分の持つ労働サービスをなるべく高く取引して，多くの収入を得ようと考えるのです。とは言っても収入を得る際に考えておくべきことがいくつかあります。それらを見ていきましょう。

①　トレードオフ

　現在アルバイトをして収入を得ようと考えている状況だとします。もし「何時間働きますか」と尋ねられたら，皆さんはなんと答える

のでしょうか。2時間と答える人もいれば，6時間と答える人もいるでしょう。当然その他の時間を答える人もいると思います。ここでさらに1つ質問です。「なぜその時間働くのですか」と尋ねられたら，どう答えますか？

　人が持っている時間は1日24時間と限られたものです。限られた時間を働くことに使えば，他のことに使うことができなくなります。例えば，労働時間に8時間使えば，残りの時間は16時間です。16時間の間に睡眠を取ったり，テレビを見たり，食事を取ったりしますが，働いていれば睡眠を取るなどの時間の使い方はできません。このように**一方を取れば，他方を諦める状態をトレードオフ**と言います。

② 効　用

　さて「なぜその時間働くのですか」と尋ねられたらという話に戻りましょう。例えば，大学生のAさんは時給1,000円の仕事を1日6時間，4日間働くので週24時間働いていると仮定します。アルバ

イトは法律上原則１日８時間，週40時間働くことができます。これを**法定労働時間**と言います。さてＡさんはなぜ１日８時間働かず，６時間なのでしょうか。掛け持ち等すれば８時間労働は実現できる話です。

　ここで先ほどのトレードオフの話とつながります。Ａさんが８時間働いてしまうと，大学の講義に参加できない時間が発生するかもしれません。その場合，講義時間中に教員に質問できた内容も自分で調べながら勉強しないといけないため，余分な勉強時間を増やしてしまうかもしれません。

　それを考えると，例え１日働く日が増えたとしても，２時間働く時間を減らしたほうが，心理的に余裕が生まれ，満足した生活が送れるかもしれません。この満足度のことを経済学では**効用**と呼びます。そして経済学では，人はこの効用（満足度）を最大にするように行動すると考えます。だからＡさんにとって６時間働くことが最も効用を高める生活なのです。同様に，Ａさんが週40時間まで増やさず，週24時間の労働に抑えていることも効用が影響しているのだと考えることができます。

③　所得効果と代替効果

　②の例で登場したＡさんは時給1,000円の仕事を１日６時間，週24時間働いていると考えました。では世の中の景気が良くなり，時給が上昇したら，Ａさんはどのような行動を起こすのでしょうか？例えば時給が1,500円になったとします。同じ６時間働いたとすると１日の収入は9,000円になり，以前に比べ収入は1.5倍に増加します。こうなると「６時間働くことが自分の効用を最も高める」と考えていた選択が変わるかもしれません。

　例えば，働く時間を１時間減少させるかもしれません。なぜなら時給1,500円で５時間働けば7,500円稼ぎ，1,000円の時よりも１日の収入が増えるからです。このように収入が増えるために労働時間を

減少させようという動きを所得効果と言います。一方で，働く日を
4日から5日に増やすかもしれません。それは，働けば働くほど，
より多くの所得が得られるので，働かないと損をすると感じるから
かもしれません。このように**収入が増えることで労働時間を増加さ
せようという動き**を代替効果と言います。

　所得効果と代替効果は相反する方向に作用します。Aさんの場合
は，時給1,500円の仕事を1日5時間，5日間働くので週25時間働く
こととなり，結果的には1週間の労働時間が増えることになります。

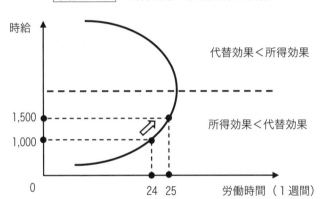

図表4.2　所得効果と代替効果の関係

　ここで，横軸を労働時間，縦軸を時給としたグラフを描いて，所
得効果と代替効果の理解を深めてみましょう。図表4.2のように，
時給が安いときは，代替効果が所得効果より大きくなると考えられ
ており，労働時間を増やす行動に出ます。逆に時給が十分高い場合
に更に時給が上昇するときは，所得効果が代替効果より大きくなる
と考えられており，労働時間を減少させる行動に出ます。つまりA
さんにとって，今回の時給の上昇は所得効果よりも代替効果が大き
かったといえるため，労働時間を増やしたと考えられます。

④　労働市場における労働供給の動き

　　個人個人の行動を見てみると，賃金（時給）が上昇すると労働時間を増やす人，減らす人がいるでしょう。では働いている全体で見るとどうでしょうか。そこで次の例を考えてみましょう。

　　例えば，Ａさんが働くコンビニではＡさんを含めてＢさん，Ｃさんの３人が働いているとします。時給が1,000円のときは１週間でＡさんが24時間，Ｂさんが26時間，Ｃさんが10時間働いています。ここで1,500円に時給が上がったとき，１週間当たりＡさんが25時間，Ｂさんが25時間，Ｃさんが20時間働くとします。

図表4.3(a)　３人の総労働時間と時給の関係

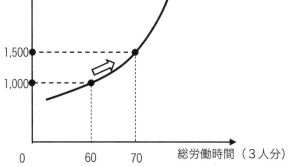

　　この場合，ＡさんとＣさんは労働時間を増やす一方で，Ｂさんは労働時間を減らしています。では３人の総労働時間はどうでしょうか？　時給1,000円のときの３人の労働時間の合計は60時間です。一方，時給1,500円のときの３人の労働時間の合計は70時間です。この場合，３人の労働供給は時給が増えると総労働時間が増えることがわかります。このように個人個人の動きはバラバラですが，人

数を増やしていくことでコンビニや世の中全体の労働市場の労働供給を見ることができます。

　それを表したのが前ページの図表4.3(a)です。一般的に，図表4.3(a)のように右上がりになると言われています。またコンビニの時給が上がれば，他の仕事をしている人がコンビニで働こうとするため，より多くの人が集まってきます。そのため，一般的に市場全体の労働供給は，時給に応じて増える傾向にあります。

　横軸を労働者数，縦軸を時給とした労働供給曲線を描くと図表4.3(b)のように右上がりになります。

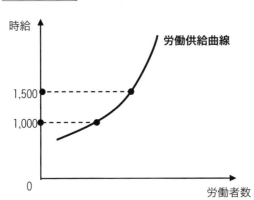

図表4.3(b)　労働市場における労働供給曲線

Q. 皆さんは時給1,000円と1,500円ではどれだけアルバイトをしようと思いますか？　そしてそれはなぜですか？

第5章
アルバイトから見る賃金決定の しくみ

イントロダクション

　　第4章では，労働市場の売り手について見てみました。今度は労働市場の買い手（アルバイトを雇う側）から考えてみましょう。第2章でも少し説明がありましたが，コンビニや飲食業など，アルバイトが存在しなければ，経営が成立しない業種もあります。そのような会社にとって，アルバイトに対する賃金はできるだけ安いほうが良いでしょう。なぜなら，企業の目的は"利益"を増やすことであり，利益とは売上から人件費などの必要費用を引いた残りです。だから会社から見れば，利益を増やすには，できるだけ安い賃金が望ましいのです。

売上　　　－　　　人件費　　　＝　　　利益

　　このように買い手と売り手の目的や利害は正反対ですが，それでもアルバイトは賃金をもらうために働きたいと考えていますし，会社も利益を増やすために人を雇いたいと思っています。それを調整するためのメカニズムが労働市場なのです。では労働市場の買い手について詳しく見ていきましょう。

1　労働市場の買い手（労働需要者）

　多くの会社は，基本的に商品やサービスの生産を行い，それを販売します。例えば，車を製造するメーカーの場合，売上を増やそうとするならば，車の組立工場や販売先をたくさん作り，そのために必要な人を雇用すれば，売上はどんどん増加するでしょう。ただし，当然のことですが，その分費用も増えていきます。この教科書では何回も繰り返し記述していますが，会社の目的は利益を増やすことです。つまり売上を増やそうとするあまり，費用を掛け過ぎてしまっては，かえって利益が減ってしまう可能性があります。そのための費用をいくらにするかと考えることは非常に大切なのです。労働需要の場合もいくつか考えておくことがあります。それらを見ていきましょう。

①　収穫逓減の法則

　あなたがコンビニで店長を任されたと想定してみましょう。現在自分しかその店舗にいません。店長として1日8時間働くとすれば，このコンビニはおそらくかなり限定された時間しか営業できないでしょう。その場合おそらく「アルバイトを雇って売上を増やそう」と考えるのではないでしょうか。では何人雇えばよいのでしょうか。現在自分自身しかいないため，人を増やすほど，店舗の手入れが行き届き，商品も管理できていたので売上が上がっていくでしょう。

　しかしアルバイトの人数が一定以上になると売上が増えていかなくなります。これは1人当たりの売上が減ってくるからです。このように雇う人を増やしていくごとに，売上の上昇量が低下していくことを**収穫逓減の法則**といいます。

②　利益が一番大きいときの雇用数は何人？

　その一方で，１人追加的に雇用するたびにアルバイト代は増えて
いくので，人件費は増えていきます。人件費とは費用の一部です。
人件費をなるべく抑えることができれば，企業は利益を増やすこと
ができます。では利益が一番大きくなるようにするにはどうすれば
よいのでしょうか？　図表5.1のようなコンビニを想定してみま
しょう。ここでは物事を簡単に考えるために費用は人件費だけとし，
１か月の賃金を20万円としています。またアルバイトとして，しっ
かり働いてくれる人材が採用されたとします。

図表5.1　あるコンビニの売上と人件費の関係

アルバイトの人数を増やすことで増加する売上

人数	0人		1人		2人		3人		4人
売上	25万円	27万円	52万円	21万円	73万円	15万円	88万円	9万円	97万円
人件費	20万円	20万円	40万円	20万円	60万円	20万円	80万円	20万円	100万円
利益	5万円		12万円		13万円		8万円		－3万円

アルバイトの人数を増やすことで増加する費用

　図表5.1の人数はアルバイトの人数で，０人の場合は店長のみが
働いていることを意味します。つまり店長だけでコンビニを運営し
ていれば，売上は25万円，人件費は20万円なので，利益は５万円です。

(a)アルバイト0人のケース

　まず1人のアルバイトを雇った場合を考えてみましょう。アルバイトのおかげで，レジ打ちや陳列・品出しがスムーズに行えるようになり，売上は52万円まで増やすことができました。また人件費も40万円なので，利益が12万円になりました。

　ではアルバイトを2人にしたらどうなるでしょうか？　業務がさらにスムーズにできるようになり売上は73万円と増加しましたが，収穫逓減の法則により以前に比べ増加量は減少しています。一方，人件費は20万円増加したので，利益は13万円となります。

(b)アルバイト2人のケース

　さらにアルバイトの人数を4人にしたらどうでしょうか？　売上は97万円と増加しましたが，増加量はさらに減少しました。その一方で，人件費は100万円となるため，利益は－3万円と赤字になっ

てしまうのです。

　なぜでしょうか？　第2章でみたようにコンビニは基本的にそこまで大きくありません。店長を含めて4人で働くようになると，仕事が順調に片付き，やる事がなくて時間を持て余すようになるのかもしれません。そしてアルバイトを4人雇ってしまえば，利益はマイナスです。

(c)アルバイト4人のケース

　結論として，このコンビニではアルバイトは2人にすると利益が一番大きくなります。実際には仕入の費用や店舗の家賃など他の費用もあるため，もう少し計算自体が複雑になりますが，基本的にはこのように考えることで利益を求めることができます。

Q. もしアルバイトをしているならば，働いている人の人数は最も利益を出す人数か確認してみよう。

③　賃金が上昇したら…

　では景気が良くなり，世の中の賃金が上昇したら，店長としてどのような行動を起こすべきでしょうか？　その際，まず考えなければならないのは，現在いるアルバイト人材の確保です。もし賃金が良いアルバイト先を見つけてしまえば，そちらに移ってしまうかもしれません。それを防ぐには，賃金（時給）を上昇させる必要があるかもしれません。賃金を上げたケースを②のコンビニの例を使って考えてみましょう。

　先ほどと同様，費用は人件費だけとし，今度は1か月の賃金が23万円になったとします。単純に考えるためにコンビニの売上が変化しなかったとすると，図表5.2のようになります。先ほどとの違いは，アルバイトの人数を1人にすると利益が一番大きくなることです。つまり店長としてアルバイト人材を1人減らす必要があるのです。このように昇給などによって労働者の賃金が上がれば上がるほど，企業は利益が減少するので，それを防ぐために，雇用者数（労働者数）を減らすこともあるのです。

図表5.2　あるコンビニの売上と人件費の関係

アルバイトの人数を増やすことで増加する売上

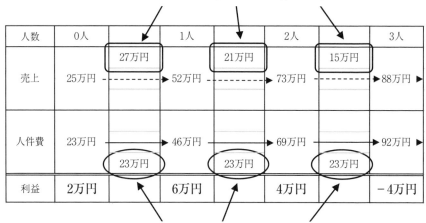

人数	0人		1人		2人		3人
売上	25万円	27万円	52万円	21万円	73万円	15万円	88万円
人件費	23万円		46万円		69万円		92万円
		23万円		23万円		23万円	
利益	2万円		6万円		4万円		−4万円

アルバイトの人数を増やすことで増加する費用

④　労働市場における労働需要の動き

　③で見たように賃金（時給）が上昇すると，労働需要側である企業は，労働者数（雇用者数）を減少させる傾向があります。

図表5.3　労働市場における労働需要曲線

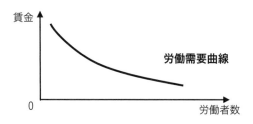

　つまり横軸を労働者数，縦軸を賃金（時給）とした労働需要曲線を描くと図表5.3のように右下がりになります。

2　労働市場における賃金の決定メカニズム

　さて前節までで，労働需要と労働供給を見てきました。最後に賃金の決定メカニズムを見ていきましょう。ここでは多くの労働需要者（企業）や労働供給者（消費者）が労働市場に参加していると考えます。そして労働需要者や労働供給者によって均衡価格が変化しないある特定の市場を考えます。このような市場を**完全競争的労働市場**と呼びます。横軸を労働者数，縦軸を賃金とすると，図表5.4のように**労働需要曲線**と**労働供給曲線**が描かれます。そして労働市場の均衡点における賃金を**均衡賃金**，労働者数を**均衡雇用量**と呼びます。

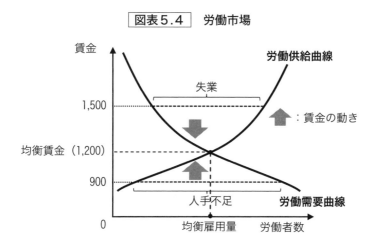

| 図表5.4 | 労働市場 |

　さて均衡賃金とはどのような状態なのでしょうか。それを考えるために，アルバイトの均衡賃金が1,200円であるとします。もし何かの拍子に賃金が1,500円になれば，働きたいと考える人は多くなるでしょう。しかし企業側からすると利益が減少するため雇用量を減らしてしまうかもしれません。その結果，仕事に就きたくても雇

われない状態（失業状態）になる人が発生してしまいます。そうすると何としてでも雇われたいと考える人たちはもう少し安い賃金でも雇われたいと考えるようになり，その結果徐々に賃金が下がっていきます。

　逆に賃金が900円になったとしましょう。先ほどと異なり，そんな安い賃金では働きたくないと考える人が増えるため，人手不足が発生し，このままでは企業は利益を増やすチャンスを逃してしまいます。利益を増やすために，賃金を上げてでもアルバイト人材を確保しようとするため，徐々に賃金が上昇していきます。

　このように賃金の上昇や下落が止まった時の賃金こそが均衡賃金であり，その時の雇用量が均衡雇用量なのです。

3　さらに勉強するためには

　第4章と第5章では労働市場と賃金決定のしくみを少しだけ説明しました。アルバイトをやっていると，「この時給は安いなぁ」「この会社の給料は高いなぁ」と感じることもあるでしょう。なぜその賃金なのか知っておくことは今後のためにも役立つことでしょう。なおP.199以降に参考図書の欄があります。さらに勉強を深めたい方はそちらを参考にしてください。

第6章

アルバイトから見る税金の概要

イントロダクション

　　皆さんは，1か月のアルバイト代で，本来もらえる額より少なかったことはありませんか。それはおそらく税金が徴収されていたからです。

　　「えー!!　アルバイト代に税金がかかるの…？　どうして…!」。

　　皆さんにとって「税金」は，「消費税」を除けばそれほど身近なものではないかもしれません。しかし現実はかなり厳しく我々の生活にのしかかってきています。それは皆さんがこののち社会人となり，そして家庭をもつにつれ税金の存在を大いに意識する状況になることからも明らかです。

　　つまり我々は皆，"一定の収入（稼ぎ）"があれば税金を納めなくてはならないのです。

　　1か月の給与（アルバイト収入）が8万8千円以上であれば，アルバイト先（会社側）は，その給与に応じて一定の税金を徴収する義務

があります。これを「源泉徴収」といい，徴収された税金はアルバイト先が代わって納めます[1]。なお，ここでの税金は「所得税」です。

　実際の例をみてみましょう。あなたが1か月9万円の収入のある月が8回，1か月6万円の収入がある月が4回あり，1年で96万円の収入があったとします。1か月8万8千円以上の収入の月が8回ありますので「税額表[2]」から9万円に該当する所得税概算額として230円[3]の8回分，つまり1,840円（230円×8か月分）の税金をアルバイト先が徴収します。しかし，この場合，年末調整あるいは翌年の確定申告という手続きをすることで徴収された1,840円は戻ってきます。本章では，こうした学生諸君が税金について最低限知っておくべきことを述べています。それでは始めましょう。まずは，"税金とは何か？"からです。

1　税金とは何か？

①　税金とは…，負担する根拠は…？

　税金とは何でしょうか？　なぜ，我々は税金を負担しなければならないのでしょうか？　憲法第30条には「国民は，法律の定めるところにより，納税の義務を負う。」とあり，納税することが国民の義務である，ということはわかります。しかしながら，そこには税負担の根拠まで示されてはいません。

　租税法の金子宏先生は「国家が，特別の給付に対する反対給付と

1　「源泉徴収制度」といいます。「源泉徴収」とは"給与（アルバイト代）"という収入の"源"から税金を徴収するという意味です。なお，「源泉徴収」された税金は翌月10日までに税務署に納めます。

2　正式には「給与所得の源泉徴収税額表」といいます。

3　ここでは上記税額表の月額表（甲欄）を参照しています。

してではなく，公共サービスを提供するための資金を調達する目的
で，法律の定めに基づいて私人に課する金銭給付である。」[4]と述べ
ています。

　難しい言葉で説明されていますが，要するに警察，消防，防衛，
医療，教育などの公共サービス，防災・復旧，河川改修，道路，公
園，上下水道などの公共事業を実施するために税金が徴収されてい
るということです。

②　税の種類

　税金は国税と地方税に分類されます（賦_ふ課_か，徴収による分類）。
国税は国が課する税金で，地方税は都道府県・市町村など各自治体
が課する税金です。

(i)　国　税

　"所得税" は "国税" です。所得税は個人の所得に課税されます。
また，同様に法人[5]の所得に課税される "法人税" も国税です。そ
の他の国税として消費税，相続税，酒税，登録免許税，印紙税等が
あります。

(ii)　地方税

　地方税には都道府県税[6]と市町村税があります。都道府県税の代
表的なものには都道府県民税，事業税，自動車税，不動産取得税等
があり，市町村税には市町村民税，固定資産税_{こていしさんぜい}等があります。アル

4　金子宏著『租税法（第二十版）』弘文堂,2017年 8 - 9 頁。

5　法人とは，企業＝会社，団体，組合等，法律で人格が与えられた組織体をいいます。

6　東京都には23区の特別区があり，この特別区を含めて税徴収されるため，他の「道
　府県税」とは区別されますが，ここでは「都道府県税」として表記します。

バイト収入に関係するのは都道府県民税と市町村民税ですが，これらは"住民税"としてまとめて徴収されます。

　"住民税"は"所得税"より金額は大きく，しかも**前年の所得に対して課税されます**ので，1年後その年に収入がなくとも納めなくてはなりません。これは知っておいてください。

アルバイト収入に関係するのは
所得税（国税）と
住民税（地方税）です!!

　たとえば，プロ野球選手で年俸を何億円ともらっていた人が，翌年戦力外となり収入がなくなった場合，前年度の所得に対して住民税がかかりますので，翌年収入がなくとも住民税は納めなくてはなりません。これには「まいった…」という声も聞かれます。

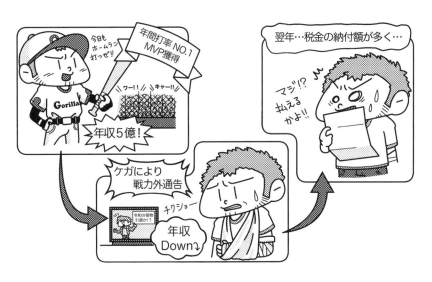

　また，皆さんが社会人となった1年目の給与等には住民税はかかりません。しかし2年目から住民税が差し引かれますので **"入社して1年，昇給もしたのに手取り額が昨年より少ない"** ことがよくあります。注意しましょう。

> 所得税(国税)は，1月1日〜12月31日の
> 所得に対して課税されます！
> また，住民税(地方税)は，前年の所得に
> 対して課税されるので，
> 今年収入がなくても
> 支払わなければなりません!!

💡豆知識…暦年（れきねん）と年度（ねんど）の違い

　"暦年"という言葉は「暦（こよみ）の通り」という意味です。つまり，1月1日から12月31日までの1年間を区切った期間を意味します。一方"年度"は4月1日から翌年3月31日までの1年間をその期間としています。年度は国家予算，学校の入学・卒業，企業の会計期間[7]等にみることができます。なお，所得税額の計算は暦年（1/1〜12/31の期間）で行います。

　他方，税金は「**納税義務と税負担の関係**」からも分類されます。すなわち「**納税義務者**」と「**担税者**」の両者の関係による分類です。
　「納税義務者」とは"税を納める義務のある人"をいい，「担税者」とは"税を負担する人"です。ここで納税義務者と担税者が一致している税を「**直接税**」，一致していない税を「**間接税**」といいます。

7　企業の会計期間は必ずしも4/1から翌年3/31までではありません。企業は会計期間を自由に決められます。しかし，多くの企業が上記の期間（4/1〜3/31）を「会計年度」としています。

　所得税は「直接税」です。それは税を負担する者と税を納める義務のある者が一致しているからです。法人税，事業税，相続税も同じく直接税です。しかし，消費税は間接税です。それは税を負担するのは我々消費者ですが，納税義務のある人は事業者ですので両者は一致していません。間接税には，他に酒税やたばこ税，ゴルフ場利用税，揮発油税（ガソリン税），入湯税があります。知っておいてください。

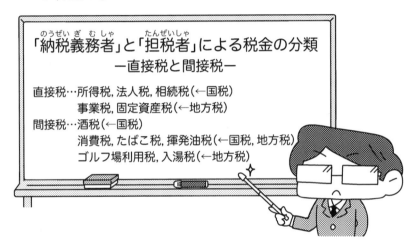

「納税義務者」と「担税者」による税金の分類
－直接税と間接税－

直接税…所得税, 法人税, 相続税(←国税)
　　　　事業税, 固定資産税(←地方税)
間接税…酒税(←国税)
　　　　消費税, たばこ税, 揮発油税(←国税, 地方税)
　　　　ゴルフ場利用税, 入湯税(←地方税)

③　税の徴収機関

　国税，地方税は，その徴収する行政機関も異なっています。国税は全国524の税務署が担当し，地方税は各自治体（都道府県，市町村）の税務事務所，税務課が担当しています。したがってアルバイト収入にかかる税金は，所得税が所轄税務署，住民税は各市町村の税務課が担当します[8]。

8　都道府県民税は，市町村が「住民税」としてまとめて徴収します。よって，給与明細の「住民税」欄には都道府県民税，市町村民税の両方が含まれています（特別徴収の場合）。

2　税金の徴収と申告

①　年末調整と還付

　"年末調整" は１年間の収入から所得を計算し税額を確定させるために行われます。よって年末の給料日に，これまで源泉徴収された金額が確定した税額より少なければ徴収され，多ければその分は戻ってきます。戻ってくることを "還付" といいます。

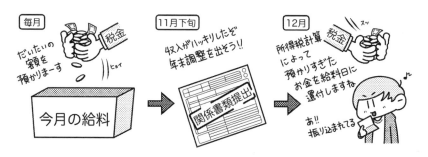

　先の例（p.55）では，アルバイト収入が年間96万円，源泉徴収額は1,840円でした。この場合，次章でも述べますが，年収が96万円であれば所得税額は０円です。つまり，源泉徴収額1,840円は還付されます。

②　源泉徴収票と確定申告

　年末調整にて税額が確定すれば，収入と税額等を記載した明細書が給与支払者から交付されます。この交付された明細書を "源泉徴収票" といいます。**源泉徴収票の交付は給与支払者の義務ですのでアルバイト学生であっても必ず交付されます**[9]。この源泉徴収票はその後修正等があれば翌年の確定申告の際に提出します。

　確定申告は毎年２月16日より３月15日までに行います。ただ確定

　申告も納税額を確定させるためのものですから，ここでも過不足調整は行われ，納め過ぎた分は“還付”，少なければ“徴収”されることになります。

　このように**年末調整や確定申告で該当する年度の税額が確定します**。

③　複数のアルバイト先がある場合

　アルバイトの掛け持ちの場合，源泉徴収・年末調整・確定申告はどうなるのでしょうか。

　まず源泉徴収ですが，これは給与の多い主たるアルバイト先が行います。また，年末調整は制度上1社しかできません。よって，その他のアルバイト収入は翌年の確定申告にて当該源泉徴収票とともにまとめて申告します。

9　「源泉徴収」されていれば，そのアルバイトを途中で辞めたとしてもアルバイト先に源泉徴収票を請求してください。

Q. 次の空欄に適切な語句を入れ，内容の確認をしよう。

- 源泉徴収されるのは アルバイト収入が毎月（①　　　）円以上のときです。
- 源泉徴収額は概算額であるため年末には税額を確定させなければなりません。これを（②　　　）といいます。
- "確定申告"は（③　　　）が自ら申告します（翌年2/16～3/15の間）。
- アルバイトの掛け持ちをしている場合，（④　　　　）が必要です。また，アルバイトを途中で辞めても源泉徴収されていれば，"源泉徴収票"の交付は必ず受けてください。この場合，（④　　　　）することで余計に納めた分は戻ってきます。

答え：①8万8千，②年末調整，③本人，④確定申告

源泉徴収税額表・月額表（2022年分）

この表にしたがって源泉徴収が行われます。

給与所得の源泉徴収税額表（令和4年分）

（一）　**月 額 表**（平成24年3月31日財務省告示第115号別表第一（令和2年3月31日財務省告示第81号改正））　（～166,999円）

その月の社会保険料等控除後の給与等の金額		甲								乙
		扶　養　親　族　等　の　数								
		0 人	1 人	2 人	3 人	4 人	5 人	6 人	7 人	
以　上	未　満	税					額			税　　　額
円 88,000	円 円未満	円 0	円 0	円 0	円 0	円 0	円 0	円 0	円 0	円 その月の社会保険料等控除後の給与等の金額の3.063%に相当する金額
88,000	89,000	130	0	0	0	0	0	0	0	3,200
89,000	90,000	180	0	0	0	0	0	0	0	3,200
90,000	91,000	230	0	0	0	0	0	0	0	3,200
91,000	92,000	290	0	0	0	0	0	0	0	3,200
92,000	93,000	340	0	0	0	0	0	0	0	3,300
93,000	94,000	390	0	0	0	0	0	0	0	3,300
94,000	95,000	440	0	0	0	0	0	0	0	3,300
95,000	96,000	490	0	0	0	0	0	0	0	3,400
96,000	97,000	540	0	0	0	0	0	0	0	3,400
97,000	98,000	590	0	0	0	0	0	0	0	3,500

：

源泉徴収票

令和3年分　給与所得の源泉徴収票

支払を受ける者	住所又は居所		（受給者番号）
			（役職名）
			（フリガナ）
		氏名	

種　別	支　払　金　額	給与所得控除後の金額 （調整控除後）	所得控除の額の合計額	源　泉　徴　収　税　額
	内　　　　　円	円	内　　　　円	内　　　　円

(源泉)控除対象配偶者の有無等		配偶者(特別)控除の額	控除対象扶養親族の数 （配偶者を除く。）						16歳未満扶養親族の数	障害者の数 （本人を除く。）		非居住者である親族の数
有	従有	老人	円	特　定		老　人		その他		特　別	その他	
				人	従人	内　　人	従人	人	従人	人	内　人	人	人

社会保険料等の金額	生命保険料の控除額	地震保険料の控除額	住宅借入金等特別控除の額
内　　　　　円	円	円	円

（摘要）

生命保険料の金額の内訳	新生命保険料の金額	円	旧生命保険料の金額	円	介護医療保険料の金額	円	新個人年金保険料の金額	円	旧個人年金保険料の金額	円
住宅借入金等特別控除の額の内訳	住宅借入金等特別控除適用数		居住開始年月日（1回目）	年　　月　　日	住宅借入金等特別控除区分（1回目）		住宅借入金等年末残高（1回目）	円		
	住宅借入金等特別控除可能額	円	居住開始年月日（2回目）	年　　月　　日	住宅借入金等特別控除区分（2回目）		住宅借入金等年末残高（2回目）	円		

(源泉・特別)控除対象配偶者	（フリガナ）		区分	配偶者の合計所得		国民年金保険料等の金額	円	旧長期損害保険料の金額	円
	氏名					基礎控除の額	円	所得金額調整控除額	円

控除対象扶養親族	1	（フリガナ）		区分	16歳未満の扶養親族	1	（フリガナ）		区分
		氏名					氏名		
	2	（フリガナ）		区分		2	（フリガナ）		区分
		氏名					氏名		
	3	（フリガナ）		区分		3	（フリガナ）		区分
		氏名					氏名		
	4	（フリガナ）		区分		4	（フリガナ）		区分
		氏名					氏名		

未成年者	外国人	死亡退職	災害者	乙欄	本人が障害者		寡婦	ひとり親	勤労学生	中途就・退職				受給者生年月日			
					特別	その他				就職	退職	年　月　日		元号	年	月	日
												3					

支払者	住所（居所）又は所在地	
	氏名又は名称	（電話）

　これまでアルバイト収入にかかる税徴収の大枠として，源泉徴収・年末調整・確定申告等を説明してきました。次章では少し詳しく実践的な内容を説明したいと思います。例えば，アルバイト収入から税額計算の方法，またそこでの用語の意味，さらにはアルバイト収入と社会保険についても述べることにします。

第7章

アルバイト収入にかかる所得税額 の計算

イントロダクション

　　本章では "所得"，"給与所得控除"，"所得控除"，"扶養" 等々多くの
言葉が登場してきます。しかし，これらは全て税額計算の中心となる
ものです。よって，その内容，意義は確実に理解しておきたいもので
す。
　　まず "所得" ですが，ここでは「"収入" と "所得" は違う」という
ことをしっかり頭に入れておいてください。すなわち，"所得" は "収
入" からそれを得るのに支出した金額（費用＝必要経費）を控除した
（差し引いた）ものです。

所得＝収入－費用（必要経費）

4ヌ入と所得は
違いますよ!!

　　そして所得税額は，所得をもとに税率を乗じて求めます。これら
一連の計算手順を示せば次の通りです。

---

(1)　アルバイト収入の確定

(2)　(1)から費用を引いて所得を計算

(3)　所得に税率を乗じて所得税額を計算

　　ここで(1)から(3)へと進むなかで(2)の"収入"から"所得"の計算が重要です。そこでは所得の種類や内容，税額計算の考え方も理解する必要があります。

1　アルバイト収入と給与所得

　　"収入"といってもいろいろな収入の"かたち（稼ぎ方）"があります。例えば，給与による収入（給与収入）[10]，土地を売却して得る収入，また株式・債券等を売却して得る収入，そして自営業者が得る収入等です。

　　所得税法では，その収入の形態[11]により，所得を次の10種類に分類しています。

①利子，②配当，③事業，④給与，⑤不動産，⑥譲渡
⑦退職，⑧山林，⑨一時，⑩雑

　　アルバイト収入[12]は"給与所得"に該当します。よって，ここからは給与所得の所得税額の計算方法を説明していきます。

10　給与には毎月の給与だけでなく多くの手当（業績手当，皆勤手当，リーダー手当等）が含まれますので，本来"給与等収入"とするのが正確な表記です。しかし，ここでは"給与収入"と表記します。

11　税を担（にな）う力，つまり担税力（たんぜいりょく）によって収入を区分します。

12　「アルバイト収入」は「給与収入」として表記すべきですが，ここでは適宜両方を使いわけます。

2　所得税額の計算

①　給与所得の計算

　　給与所得は「給与収入」から「必要経費」を控除して求められるといいました。しかしながら，給与収入にかかる必要経費を求めることはそれほど簡単なことではありません。それは，給与収入を得るための必要経費が個々人，それぞれ異なっているからです。このため所得税法は，"給与所得控除額"という必要経費の概算額を用いて給与所得を求めています。計算式は次の通りです。

給与所得＝給与収入－給与所得控除額

---

②　給与所得控除額

　　"給与所得控除額"は，給与をこのくらい稼ぐには，おおよそこのくらいのお金が掛かっているだろう，とした見積金額です。図表7.1に従って計算されています。

図表7.1　給与所得控除額表（2020年1月現在）

給与等の収入金額	給与所得控除額
162.5万円以下	55万円
162.5万円超180万円以下	収入金額×40％－10万円
180万円超360万円以下	収入金額×30％＋8万円
360万円超660万円以下	収入金額×20％＋44万円
660万円超850万円以下	収入金額×10％＋110万円
850万円超	195万円

　ここでアルバイト収入の"給与所得控除額"の計算をしてみましょう。

【求め方】

アルバイト収入が年間180万円の場合（　□　枠内の式）

$$\downarrow$$

給与所得控除額＝180万円×40％－10万円＝62万円

　つまり，**アルバイト収入が180万円の場合，給与所得控除額は62万円となり，この金額が必要経費としてアルバイト収入から控除されます。**

　それではアルバイト収入が100万円，200万円の場合ではどうでしょうか。次の問題で計算方法の確認をしてみましょう。

Q. 下記で「給与所得控除額」を計算し"給与所得"を求めてください。

・ケース１：アルバイト収入が100万円の場合

・ケース２：アルバイト収入が200万円の場合

　ケース１（アルバイト収入が100万円の場合）は（　の枠）より，収入が162.5万円以下ですので「給与所得控除額」は，**55万円**になります。

ケース２（バイト収入が200万円の場合）は（ |＿＿| の枠）より
200万円×30％＋8万円＝68万円 になります。

　このように「給与所得控除額」が求められると，それからアルバイト収入の"給与所得"が計算されます。次のようになります。

【求め方】
・**ケース１**（アルバイト収入100万円）の"給与所得"は
　45万円（100万円－55万円）
・**ケース２**（アルバイト収入200万円）の"給与所得"は
　132万円（200万円－68万円）

③　課税所得[13]の計算

　上記で"給与所得"は計算できました。しかし「給与所得控除額」以外にも必要経費となるものがあります。それらは「**所得控除**」と呼びますが，(ⅰ)「給与所得」から個人的な事情を考慮した控除[14]，(ⅱ)世帯構成に配慮した控除[15]，(ⅲ)生活関連にかかる控除[16]，などから生じる控除です。

　よって，それらを「給与所得」からさらに控除することで，より生活実態に合った所得として「**課税所得**」が求められます。

　計算式は次の通りです。

課税所得＝給与所得－所得控除

　なお，「**所得控除**」には15の控除がありますが，このうち「**基礎**

13　「課税される所得」＝「課税所得」といいます。
14　障害者である，ひとり親である，勤労学生である等を考慮した控除。
15　配偶者，扶養人数等を考慮した控除。
16　社会保険料，医療費，生命・地震保険料等を考慮した控除。

控除」は，すべての人の所得に**一律48万円**の控除を認めています[17]。ここではアルバイト学生に関係する所得控除だけを取り上げておきます[18]。

＜人，世帯に関する控除＞

・**扶養控除**…給与等の支払いを受ける人と生計を一にしている親族に対する控除です。一般の扶養控除として16歳以上の対象扶養親族で１人当たり38万円の控除が可能です。

　　また，「**特定扶養親族**」として生計を一にしている親族のうち，19歳以上23歳未満の人がいる場合，１人あたり63万円の控除を受けることができます。これは大学生等を扶養している場合の家計負担を軽減するための措置だと思われます。

　　なお，「扶養控除」は，親に対する控除ですので皆さんの税額計算には関係ありません。

・**勤労学生控除**…働いている学生に対する控除です[19]。控除額は27万円です。

> 💡**豆知識…扶養とは**
>
> 　"扶養"とは，「×××に養われている…」という意味です。つまり「あなたは誰の扶養に入っているのかな，お父さん，それともお母さん？…」という言い方は，そのいずれかに養われている，ということです。扶養す

17　個人の合計所得金額が2,400万円以下の場合です。

18　ここで説明した所得控除の他に，配偶者控除・配偶者特別控除・障害者控除・寡婦控除・ひとり親控除・生命保険料控除・地震保険料控除・小規模企業共済掛金控除・医療費控除・寄付金控除・雑損控除があります。

19　次の条件を満たすことが必要です。すなわち，勤労による所得であること，合計所得金額が75万円以下で，かつ，勤労の所得以外の所得が10万円以下であることです。

る人（親）には扶養される人（被扶養者）にかかる支出が"扶養控除"として給与所得から控除されます。

＜生活関連等に関する控除＞

・**社会保険料控除**…社会保険料（国民年金保険料，国民健康保険料，健康保険料，厚生年金保険料，雇用保険料）の支払いによる控除です。この控除は本人が自身の保険料を支払えば本人が控除を受けられます。一方，親がそれを代わりに支払えば，親が控除を受けられます。このことは知っておいてください。

　こうして「アルバイト収入」があり，「給与所得控除額」により給与所得が計算され，そしてさらに「所得控除」により課税所得を求め，それに「税率」を乗じて"税額"が算出されます。なお，税率には**超過累進税率**が採用されています。下記にこれらのことをフロー図で示しておきます。また，税率表も表示しておきます。

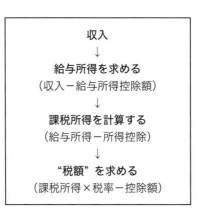

収入
↓
給与所得を求める
（収入−給与所得控除額）
↓
課税所得を計算する
（給与所得−所得控除）
↓
"税額"を求める
（課税所得×税率−控除額）

税　　率　　表

課税される所得金額	税率	控除額
1,000円から1,949,000円まで	5%	0円
1,950,000円から3,299,000円まで	10%	97,500円
3,300,000円から6,949,000円まで	20%	427,500円
6,950,000円から8,999,000円まで	23%	636,000円
9,000,000円から17,999,000円まで	33%	1,536,000円
18,000,000円から39,999,000円まで	40%	2,796,000円
40,000,000円以上	45%	4,796,000円

出所：国税庁HP　2021年9月1日

　なお，ここで超過累進税率について説明をしておきます。当該税率は課税所得金額が一定金額以上になった場合，その超過額に対してのみ高い税率が適用される仕組みです。つまり，所得が多くなれば，その所得金額を一定額ごとに区切り，その区切られた金額ごとに税率を変える（徐々に税率を高くしていく）方法です。上記の税率表には区切られた所得金額に該当する税率と，それにより求められた金額から区切られた所得金額ごとの控除額が記されています。これが超過累進税率の意味です。多くの先進国ではこうした税率が採用されています。

　それでは次の問題（収入が100万円，180万円，200万円の3つのケース）を解きながら内容の確認をすることにします。

Q. 所得税額を計算してください。なお税率表は上記の表（給与所得控除額はp.68）を参照すること。

・ケース1：アルバイト収入が100万円の場合

・ケース 2：アルバイト収入が180万円の場合

・ケース 3：アルバイト収入が200万円，本人が国民年金保険料20万円[20]を支払った場合

　　ケース 1（アルバイト収入が100万円の場合）では，給与所得が45万円（100万円－55万円[21]）。基礎控除として48万円が控除，よって課税所得は“0円”（45万円－48万円でマイナスとなる），**非課税**となります。

　　ケース 2（アルバイト収入が180万円の場合）では，給与所得が118万円（180万円－62万円[22]）。基礎控除48万円で課税所得は70万円（118万円－48万円）です。税率表により**70万円×5％＝3万5千円**。この金額が所得税額になります[23]。

　　ケース 3（アルバイト収入が200万円，本人が国民年金保険料20万円を支払った場合）では，給与所得が132万円（200万円－68万円[24]）。基礎控除48万円，社会保険料控除20万円なので，課税所得

20　実際，学生であれば自分で支払うことは稀（まれ）ですが計算例として設定しました。なお，国民年金保険料は毎年変わりますが，ここでは年間20万円として計算します。
21　55万円は100万円の収入に対する「給与所得控除額」です（p.68参照）。
22　62万円は180万円の収入に対する「給与所得控除額」です（p.68参照）。
23　2013年から2037年まで所得税とともに復興特別所得税（基準所得税額の2.1％）が課せられますが，ここでは考慮していません。
24　68万円は200万円に対する「給与所得控除額」です（p.68参照）。

は64万円（132万円－48万円－20万円）になります。税率表により **64万円×５％＝３万２千円**，この金額が所得税額となります。

3　アルバイト収入が103万円以下の場合

　アルバイト収入が103万円以下であれば課税はされません。**非課税**です。よって，課税を避けるには収入を103万円以下に抑える必要があります。また，この103万円は税務上，親が「扶養控除」を受けられるか，否かのボーダーラインでもあります。

　すなわち，アルバイト収入が103万円以下であれば，**あなたの収入に所得税はかかりません**。また同時に**親の課税計算で親は**，あなたを**被扶養者（扶養される人）**として「扶養控除」が受けられます。しかし103万円を超えると，あなたは**親の扶養から外れ**，その分，**親の税金が増えます**。とりわけ「特定扶養控除」は１人当たり63万円と金額も大きく，無視できない控除額のように思えます。

　なお，ここでの103万円は給与所得控除額（55万円）と基礎控除額（48万円）の合計額です。年収103万円を区切りとして各人の“税負担”から“働き方”までも変わってくるように思えます。そこから“103万円の壁”という言葉も生まれてきました[25]。

　また，**「住民税」**の非課税限度額については自治体にもよりますが，多くは給与所得の上限を45万円としています。つまり給与所得が45万円以下，アルバイト収入になおせば100万円以下，この金額（100万円）が住民税の非課税となる収入の上限となります[26]。

　一方，住民税にはその他所得の多い少ないにかかわらず一律にか

25　“103万円の壁”という言葉は，年末時，主として妻のパートの年収を103万円以下に抑えるか否かという問題，つまり夫の扶養に入るかどうか，という例でよく使われていますが，アルバイト学生も親の扶養に入るか否か，という点では同じです。

26　給与所得（45万円）＝アルバイト収入（100万円）－給与所得控除額（55万円）。

かる税金があります。その額は自治体毎に違いますが６千円位です。なお，住民税の計算においても「所得控除」は受けることができます。

アルバイト年収１００万円（月収約８万３千円）だと
所得税も住民税もかからないよ

　さらに，ここで「所得税と住民税」の関係についても述べておきます。

　すなわち，「住民税」は各市町村が各税務署から確定申告資料の送付を受け，その資料に基づき課税されます。このため給与所得者に住民税の確定申告はありません。

　一方，市町村は給与支払者（会社等）に毎年１月末まで「**給与支払報告書**」の提出義務を課しています。当該報告書は給与支払者が給与受給者（社員，パート，アルバイト含む）全てに支払った給与等の支給額報告書です。このため個人の収入は市町村でより詳細に把握されることになります。また，マイナンバーの普及により複数勤務の実態もこれまで以上に明らかになります。

Q. 次の空欄に適切な語句を入れ，内容の確認をしよう。

・アルバイト収入が（①　　　　　　）を超えると所得税が課せられます。

・アルバイト収入が（②　　　　　　）を超えると住民税が課せられます。

答え　：①103万円，②100万円

4　"働く学生"に対する控除とは？

　　所得控除の1つである「勤労学生控除」は一定の条件の下で27万円の控除が可能でした。つまり，年収130万円まで税金はかかりません。内訳は給与所得控除額55万円，基礎控除額48万円，勤労学生控除額27万円で，合計130万円です。

　　このように課税最低限が130万円と高くなることからアルバイト学生にとって当該控除は一見，有利のようにもみえます。

　　しかしながら，ここでも親の"扶養控除"を考えねばなりません。つまり，この控除を受けると親はあなたを扶養人数から除くことになります。これは親の"所得控除が減る"，"税金が増える"ことを意味します。

勤労学生控除の
適用を受けるには
親の扶養控除の
ことも考えると…
あんまり使えないかも…

ただ，自分1人で生活をしている（単身者＝“扶養”を考えない）人であれば，この控除は大いに利用すべきでしょう。

Q. 次の空欄に適切な語句を入れ，内容の確認をしよう。

・勤労学生控除をうけると年収（①　　　　　　）まで税金はかかりません。ただし（②　　　　　　）から外れますので，それだけ親の税負担が増えます。

答え：①　130万円，②親の扶養

5　アルバイト学生と社会保険

アルバイト学生であれば，先の社会保険料（p.72参照）のうち健康保険料，厚生年金保険料，雇用保険料の負担はありません[27]。適用除外です。ただ，「国民健康保険」については注意が必要です。それはアルバイト収入が130万円以上になると，あなたは**親の社会保険上の扶養から外れ**[28]，自分で国民健康保険料を支払うことになります[29]。このため手取り金額が減り，アルバイト収入を考える必要があります。

また，国民年金保険は20歳以上60歳未満の国民全員に加入義務があります。学生も例外ではなく保険料（2022年度は16,590円/月，

27　但し，夜間部，通信教育，休学中の学生には適用されます。

28　親が「健康保険」に加入している場合です。単身の学生であれば国民健康保険は130万円未満であっても加入します。

29　保険料は各市町村で違いますので各自治体HPを確認してください。保険料の試算もできます。

年間約20万円）を納めなくてはなりません。しかし，多くの学生は
「学生納付特例制度」を利用して "納付猶予" を受けているが[30]，親
が代わりに保険料を支払っているのが実際のようです[31]。

> 💡**知っておくと得かも…**
>
> ・年収100万円以下（月額約 8 万 3 千円）
>
> ⇒所得税・住民税のいずれの負担もない。
>
> ・年収103万円以下（月額約 8 万 5 千円）
>
> ⇒住民税のみ負担（僅かな負担です）。
>
> ・年収103万円超～130万円未満（月額約10万 8 千円）
>
> ⇒所得税・住民税の負担あり。また，親の扶養からも外れる。
>
> 健康保険の被扶養者となることは可能。

6　さらに勉強するためには

　　少し難しかったでしょうか。はじめての用語，同じような用語が
たくさんでてきて混乱してしまったのではないでしょうか。それは，
これまで "税金" 等について学ぶことも，またその必要性もなかっ
たからではないでしょうか。しかし，**皆さんがこれから充実した社
会生活を送るためには，"税金" 等の知識は必須です**。これを機会
に皆さんが "税の知識" をもっと貪欲に知り，これからの人生を "大
胆に，かつ強かに" 乗り越えていってほしいと願います。

30　国民年金保険の「学生納付特例制度」を利用している学生は全体の65％です。以上，
　　「平成29年度　国民年金被保険者実態調査結果の概要」厚労省2019年 3 月公表より。
31　親は支払った保険料の全額を社会保険料控除として控除できます。

第Ⅱ部　おわりに

「う〜ん。店長が決める時給は，高すぎても安すぎてもダメなんだなぁ。アルバイトの人数も考えないといけないのか…。経営って大変だなぁ…。あと年末調整のところ，僕にはやっぱり難しいや…。もう一度読み直すけど，わからない場合は先生に聞きに行こうかな〜。」

　いかがでしたか？　雇用主からみるアルバイトの人員数は，ある程度「収穫逓減の法則」に従って決まります。そのためいくらアルバイトを募集しているからといっても，また友達同士で同じ所で働きたいと思って，面接を受けても全員が採用されるとは限らないのです。
　さて，年末調整や確定申告について理解できましたか？　第Ⅱ部には難しい箇所があったかもしれません。しかしこれから生きていく限り，税金のことは普段から頻繁に耳にすることです。理解しておいても損はないはずです。きっと将来これが役に立つことがあるでしょう。少しでも疑問に思ったら，周りの友達や先輩・先生・働いている人に聞くようにしましょう。

第 III 部

アルバイトから見る企業の姿

第III部　はじめに

　ケイスケ君もすっかりアルバイトに慣れ，今度は自分自身の就職先を意識するようになってきました。

　「卒業はまだまだ先のことだけど，就職活動を意識しておいた方が良いのかなぁ。学校の成績表みたいに企業の成績表があるって聞いたのだけど，それは企業のどこをみたらわかるんだろう？　それを見ると入りたい企業が倒産するとか倒産しないとかってわかるのかな？　チラッと企業のＨＰを見たけれど，さっぱりわからないや。でも自分の働く場所なら良い成績の企業に勤めたいし，わかっていた方が就職活動するときに役立つしなぁ…。よし，今度授業のおわりに先生に聞いてみよっと！」

　ケイスケ君は将来の就職活動に使えると考えて，勉強のやる気を少し出しているようです。皆さんは簿記という言葉を聞いたことがありますか？　就職に役立つ資格として簿記は有名なので知っている人も多いかもしれませんね。ケイスケ君が言っていた通り，第III部で扱う簿記や会計の知識を学ぶことで「企業の成績表」を読むことができるようになります。実は企業の成績表，「利益」の考え方は少し独特です。詳しくはp.86を見てほしいのですが，利益とは，元のお金から増えた分，つまり"新たなお金"と言うこともできます。そして企業の成績表はそのお金の流れ，つまり「お金がどこから来て，どこへ行くのか？」を記録したモノなのです。
　そのため初めて企業の成績表を見たとき，どのように見たらよいか戸惑ってしまうかもしれません。まず簿記とはなんなのかを学び，そして企業の成績表の見方を学んでいきましょう！

第8章

アルバイトから見る企業の成績表

イントロダクション

　　皆さんは簿記や会計という言葉を聞いたことがありますか？　あまり聞いたことがないかもしれません。では，もし聞いたことがあるならば，どんなことをイメージしますか？　簿記や会計を学ぼうとする大学生にアンケートしたところ,「電卓」,「計算」,「資格」というイメージが強いようです。確かに簿記では計算をするために電卓を使いますし，簿記検定試験は就職に役立つ資格として有名です。

　　またアンケートより，大学生が就職先に求めていることは，利益が大きいことより企業が倒産しないことのようです。簿記や会計は企業の財務を分析することに使うことができます。しかし，なぜ簿記や会計が大切なのかということに関して，深く知らない人が多いような気がします。そこでこの章では，企業の成績表を通じて，簿記や会計のしくみを見ていきましょう。

1　企業の成績表とは

　　皆さんは「成績表」という言葉には馴染みがあるでしょう。それ

は学校で勉強してきた教科についての頑張り度を学期ごとに先生が評価して表にしたものですね。実は企業にも「成績表」が存在します。ただし，皆さんの成績表と企業の成績表には違いがあります。皆さんは学期ごとの学習成果について，先生という自分以外の人に評価され，成績表で示されるのに対し，企業の成績表は企業自体が自らの活動成果を幾つかの"表"で示したものなのです。

　第4章で説明した通り，企業とは利益をできるだけ大きくしようとするための組織です。そして継続して利益を出していくことを大事に考えています。なぜなら企業は利益を出し続けることで従業員への給料の支払い分や，今後の活動資金などを確保しているからです。だから企業の成績表を読むことができれば，「今のアルバイト先あるいは希望する就職先の企業はちゃんと継続して利益を出しているのか？」とか「それらの企業の財務状況は本当に大丈夫なのか？」という目線でアルバイト先あるいは将来の就職先を見ることができるのです。

　一般に，企業の成績表は，「決算書」と呼ばれています。では「決算書」はどのように作られているのでしょうか？

　決算書は簿記という道具を使って作られます。つまり，企業の日々のお金の動きに関する事柄を出来事（取引）として記録し，それらの記録の最終的な形が決算書なのです。決算書は企業のお金の動きに関する業績の集合体を示す言葉です。企業のお金の動きを会

計学では，**財務**（ざいむ）といいます。ゆえに企業のお金の動きに関する表は**財務表**（ざいむひょう），いくつかの財務表の集まりを**財務諸表**（ざいむしょひょう）といいます。どうですか，決算書よりは財務諸表の方がイメージしやすいと思いませんか。そこで，これからは企業の成績表を財務諸表という言葉で示すこととします[1]。

そして企業の活動状況を財務諸表（大企業になると財務諸表だけでなく，財務諸表を使った分析や企業の今後の方針なども文章にまとめます）という形にして株主や税務署等に提出したり，インターネット上で関係者に報告する作業を会計と言います。ちなみに皆さんも決算書と呼ばれている企業の財務諸表を読むことができるようになります。それではそれぞれの作業を順番に見ていきましょう。

2　簿記とは

前節でも触れましたが，**簿記**は企業の日々の取引を記録し，それらを財務諸表という形にまとめるまでの記録作業に用いられる道具です。

ここで簿記とは通常，**複式簿記**（ふくしきぼき）を指します。複式簿記とは，企業の1つの取引を2つの側面（左側と右側）で捉えて記録するという特徴があります。しかもその際，左側の金額と右側の金額は必ず一致します。それは取引を原因と結果で記録する因果関係で示していることに起因するためです。また企業の取引とは，企業活動でお金の動きがある出来事をいいます。では企業の取引をお金という尺度で数値化し，2つの側面で記録するとはどういうことでしょうか？順を追って見てみましょう。

1　財務諸表を決算書とも言ったりするのは，決算と呼ばれる日を財務諸表の作成日とするからです。

①　利益とは

　　企業の目的は利益を生み出すことです。ではそもそも利益とは一体何でしょうか。色々な定義がありそうですが，簿記では利益とは，商品やサービスの売上から，それに伴う必要経費などの費用を引いた，差額を指します。

　　利益は**儲け**です。それをお金の流れから考えると企業の目的は，企業の手許にある元々のお金を使ってより大きなお金を生み出すことです。より大きなお金とは，元々のお金と元のお金から増えた"新たなお金"を合わせたものです。言い換えると企業の目的は，企業の手元に入る"新たなお金"を生み出すこととなります。

　　例えば，あるコンビニが，缶ジュースを50円で仕入れて，それを110円で販売することを考えてみましょう。人件費などを考えないのであれば，売上が110円，費用が50円なので，利益は60円です[2]。同様にカップ麺を120円で仕入れて，それを200円で販売した場合，売上が200円，費用が120円なので，利益は80円です。

　　これをお金の側から見てみましょう。利益が生まれたということは，**今あるお金が何らかの方法によって増えた**ことを意味します。少しわかりにくいと思うので，例を見て考えてみましょう。先ほどの缶ジュースの販売の例は，「"50円"のお金を缶ジュースに変えて販売することで"110円"のお金になった」と見ることができます。

2　缶ジュースの仕入代金を費用とするのは，コンビニが缶ジュースを販売して利益を上げるためには，まず缶ジュースを買うことが必要であり，しかもその缶ジュース代金は缶ジュースを販売するためには欠かせない必要経費となるからです。

図表8.1　必要経費とは

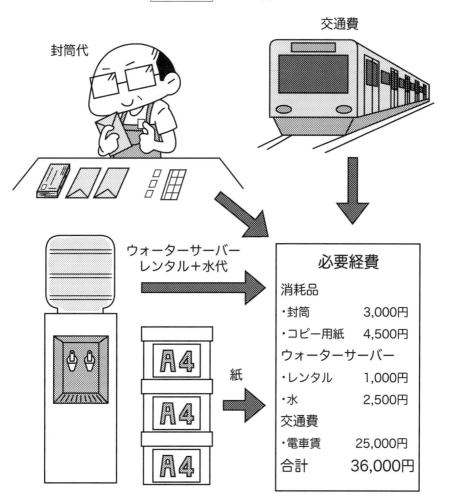

　同様にカップ麺の販売の例は「"120円"のお金をカップ麺に変え
て販売することで"200円"のお金になった」と見ることができます。

　つまり缶ジュースやカップ麺を売るということは，コンビニにあ
る**元のお金を商品を売るという方法によってより大きなお金に変化
させる活動**なのです。だから，利益とは，売上から費用を引いたお
金という言い方ができますが，元のお金から増えた分，つまり**新た
なお金**と言うこともできます。

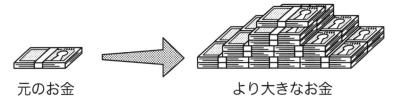

元のお金　　　　　　　　　　　　　　より大きなお金

　ゆえに企業の経済活動の目的は，**今あるお金を使ってより大きな**

お金を作り出すこと，と見なすこともできるのです。だから関係者は，企業の日々の取引の記録をチェックすることで**「どれだけ新たなお金を生み出しているか」**を見ることができるので，利益がどうなっているかを確認することができるのです。

②　どうやって日々の取引を記録するのか

　ではどうやったら "新たなお金" をチェックできるのでしょうか。実はこれは思ったほど簡単ではありません。なぜならお金だけを見ていると，なぜお金が増えているかわからないからです。前節の缶ジュースの例で考えると，お金だけを見ると50円から突然110円に増えます。「缶ジュースを仕入れて，それを販売する」という説明があって初めて，お金が増えた理由がわかるのです。そのため "新たなお金" をチェックするには，お金の流れの側面だけではなく，缶ジュースの流れというお金増減の理由に関する側面もチェックする必要があるのです。つまり "新たなお金" をチェックする道具には，1つの取引を2つの側面で捉える複式簿記を用いるのです。

　p.90のイラストは，6月1日にコンビニが缶ジュース製造工場から缶ジュースを仕入れ，6月3日にある消費者へその缶ジュースを販売したことを示したものです[3]。このイラストをもう少し詳しく考えてみましょう。

　まず6月1日の仕入が終わったときのコンビニを考えてみましょう。まずコンビニ内のお金が50円減っています。そして缶ジュースの仕入による費用が50円分増え（発生し）ています。

　そして6月3日の缶ジュースの販売後のコンビニを考えてみま

3　ものごとを単純化するために，缶ジュース1本分の仕入だけを考えることにします。

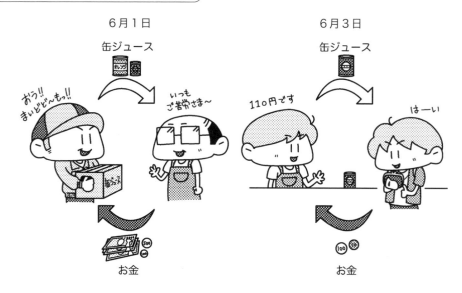

しょう。コンビニ内のお金が110円増えています。そして缶ジュースの販売による売上が110円分増え（発生し）ています。

　ここで**複式簿記にいう2つの側面とは，お金そのものの動きと商品の売買によるお金増減の理由という2つの流れ**を同時に記録することです。

　後述しますが，お金（現金）は資産というグループに入るので，増えたら左側，減ったら右側に記録します。お金増減の理由は，「**①お金をどのように使ったのか**」，「**②お金はどこから得られたのか**」という視点で捉え，お金の増減と逆サイドに記録します。この作業を**仕訳**と言います。その際，次の表のように記録することができます。

①　お金をどのように使ったのか

お金をどのように 使ったのか	お金

　お金は使われているので減りますから，右側に「お金」を記録するため，「①お金をどのように使ったのか」は左側に記録します。

② お金はどこから得られたのか

お金	お金はどこから 得られたのか

　お金が入ってきて増えたので，左側に「お金」を記録するため，「②お金はどこから得られたのか」は右側に記録します。

　これを使うと6月1日の取引は商品の仕入にお金を使っています。つまり「①お金をどのように使ったのか」の表を使うことになり，左側に仕入と記録することができます。その結果，左側と右側の（合計）金額が一致します。

仕入	50円	現金	50円

　6月3日の取引は商品を販売することで売上によりお金を得られています。つまり「②お金をどのように得られたのか」の表を使う

ことになり，右側に売上と記録することができます。

　これも結果として，左側と右側の（合計）金額が一致します。

　このような表記を行うことで，お金と缶ジュースの売買（仕入と売上）という2つの流れが同時に記録できるのです。

現金	110円	売上	110円

③　財務諸表のイメージ

　企業のそれぞれの取引を仕訳によって記録し，それを最終的に表にまとめたものが財務諸表です。ここでは財務諸表のイメージについて見ていきます。

　②では「お金の流れ」に焦点を当て，「①お金はどこから得られたのか」と，「②お金をどのように使ったのか」，という2つの視点に分けることができました。それぞれをもう少し詳しく見ていきましょう。

　まず「①お金はどこから得られたのか」です。これは(i)他人から

借りて手に入れた分，(ii)投資を受けて手に入れた分，(iii)自分で稼い
で手に入れた分・儲けた分に分けることができます。

　そして「②お金をどのように使ったのか」です。これは(iv)将来使
う分と(v)現在使った分に分けることができます。下にイメージ図が，
そしてp.96には実際に財務諸表で使われる用語を使って企業の財務
諸表のイメージ図（図表9.1）が載っています。

お金をどのように 使ったのか	お金はどこから 得られたのか
(iv)将来使う分 (v)現在使った分	(ⅰ)他人から借りた分 (ii)投資を受けた分・儲けた分 (iii)自分で手に入れた分

Q. 複式簿記の2つの側面を確認してみよう。

第9章

アルバイトから見る会計

イントロダクション

　　第8章では，企業の成績表の話をしてきました。でもなぜ企業の成績表が必要なのでしょうか？　アルバイトをしている時は，給料の上昇分が小さいため，あまり企業の利益には関心が薄いかもしれません。

　　でも，アルバイトをしている人の中には将来このアルバイト先で就職したいという人も少なくないのではないでしょうか。その際の判断材料はアルバイトをしているときの雰囲気が良いから，というものだけでいいのでしょうか。もちろん他の企業に就職するときでも同じようなことが言えます。ここで企業選択の判断材料として役立つのが会計です。例えば就職したいと考えている企業はしばらく倒産しそうにないのか，その企業の取引先は安全であり倒産する要素がどれくらいあるのかを判断するのに会計は利用できます。またこの視点はお金を

貸す側や投資する側にとって非常に大切です。この章では成績表の見
方を通じて会計についてふれたいと思います。

1　会計とは

　　第8章において会計とは，企業の活動状況を**財務諸表**（大企業に
なると財務諸表だけでなく，財務諸表を使った分析や企業の今後の
方針なども文章にまとめます）という形にして関係者に報告する作
業と言いました。では会計はいったい何のために報告するのでしょ
うか。言葉を変えると，会計の目的は何でしょうか。

　　答えは，企業の経済活動を関係者に説明するためです。それは，
企業のお金に関する活動状況を説明することです。そのため第8章
の財務諸表のイメージ図にも記されているように，「お金はどこか
ら得られたのか」と「お金はどのように使ったのか」に焦点がある
のです。結果として，企業は財務諸表を関係者に報告することで会
計の目的を果たしたことになります。それでは，このことを踏まえ
て財務諸表について，もう少し見ていきましょう。

2　企業の成績表（財務諸表）の具体的な中身

　　まず，財務諸表の**概略図**を見てみましょう。この財務諸表の概略
図は，一見すると第8章の財務諸表のイメージ図と同じように見え
ます。しかしちょっと違うのに気が付きましたか。図表9.1には，
資産，負債，純資産，収益そして費用という用語が加わっています。
これは企業のお金の動きに関する働き別に分けたグループの名前で
す。

　　さらにこの働き別の視点より資産，負債および純資産をひとまと
めにした表を**貸借対照表**と言います。収益と費用をひとまとめに

図表9.1　財務諸表のイメージ図

左側	右側	
お金をどのように使ったのか	お金はどこから得られたのか	貸借対照表
将来使う分…資産	他人から借りた分…負債	貸借対照表
将来使う分…資産	投資を受けた分・自分で儲けた分 …純資産	貸借対照表
現在使った分…費用	自分で手に入れた分…収益	損益計算書

した表を**損益計算書**と言います。図表9.1では太線を境に区切られ
ているのが分かりますか。

　　太線より上が貸借対照表，下が損益計算書となります。それでは，
貸借対照表から見てみましょう。

3　企業がどのくらい倒産しないかを判断することができる表 （貸借対照表）

　　貸借対照表は，ある決まった時点の企業の財産を項目別に分類し
た表になります。なぜこのような表が必要なのかというと「①企業
がどれくらい借金をしているか，②どれくらい企業を運営していく
ためのお金があるか」を判断するためです。そして**どのくらい倒産**

しないかを判断することができる表といえます。貸借対照表は①資産，②負債，③純資産の３つに区分することができます。順を追ってみていきましょう。

①　資　産

　資産とは，企業の“プラスの財産”ということです。財産とは金銭的価値のあるものです。企業は資産を活用して新たなお金を生み出します。つまり資産は，将来の収入を生み出すために使うものが示されています。資産の内容を見ると，例えば現金・預金・建物・備品などが当てはまり，皆さんも聞いたことがあるものが多いと思います。資産は**流動資産**と**固定資産**に区分することができます。

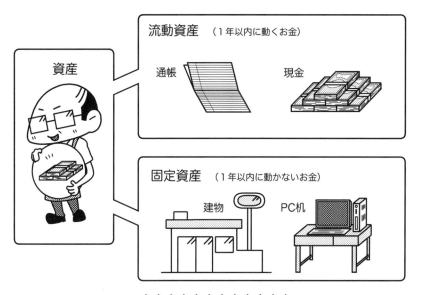

　流動資産とは，１年以内に動きがある資産をいいます。簡単に言えば，１年以内にお金に換えることができる資産と覚えてください。代表例は，現金，預金です。現金や預金を使用して商品を仕入れた

り，皆さんのアルバイト代を支払ったりします。

　固定資産は，１年以上動きがない資産をいいます。固定資産の代表例は土地や建物，備品（事務所で使うパソコンや机）です。これらは一度購入したらすぐには買い替えません。頻繁には買い換えない資産と覚えてください。

② 　負　　債

　負債とは，企業の"マイナスの財産"のことです。つまり企業の借金のことで，将来返済する必要があります。負債は，企業の将来の支出を生み出すものが示されています。先ほど説明をした資産がどうやって生み出されたかというときに貸借対照表の負債を見てください。将来働きたいと思う企業がどのくらい借金があるのかが一目でわかります。負債は流動負債と固定負債に区分することができます。

　　流動負債とは1年以内に返済期日が到来する借金のことをいいます。主なものとして**買掛金**<ruby>買掛金<rt>かいかけきん</rt></ruby>というものがあります。企業は1か月に何度も同じ企業と取引をすることがあります。その都度<rt>つど</rt>，支払いをしてもいいのですが，面倒であったり，振込手数料がかかったりするなどの理由によりこの買掛金を利用して1月<rt>ひとつき</rt>単位の取引をまとめて支払ったりをします。**1年以内に返済する借金**と覚えてください。

　　固定負債とは1年以内に動きがない借金のことを言います。1年以内に動きがない借金というとわかりづらいかもしれません。例えば建物など高額なものを購入するときの借金は大きくなり，しかも返済期間が長くなります。**1年以内に返済が終わらない借金**と覚えてください。

┌─────────────────────────
💡豆知識…借金が必要になることもある？

　企業の優良性を判断するときに借金の金額を見る必要はあります。なぜならお金を多く得るためにはそれなりのお金をつかう必要があるからです。そのため，借金をしてでも新しい事業を開拓するためのお金が必要なこともあります。企業が前に進むためのものとして**借金が必要となることもある**ということを覚えておいてください。
└─────────────────────────

③　**純資産**

　　純資産とは**資産から負債を引いたもの**のことです。つまり"プラスの財産"と"マイナスの財産"を考慮して，実際手元に残るプラス分です。将来企業に残るお金を示していることになります。

　　例えば株式を発行して購入してもらった際に入ってきたお金は純資産になります。なぜなら負債との違いは返済不要であるので，手元に残るプラス分として考えることができます。また企業が儲けた

お金（利益）も純資産になります。ほかにも色々なお金が当てはまりますが，純資産の多くは株主の投資による資本金（自己資本）や利益の積み立て分が中心となっています。

　　以上のことから貸借対照表は

資産＝負債＋純資産

と計算することができます。

4　企業がどれだけ儲けたかを判断することができる表（損益計算書）

　　損益計算書とはある一定期間において，その企業がどれだけ儲けたか（もしくはどれだけ損をしたのか）を見ることができる表になります。もし勤めたい企業が多額の借金をしていたとしても企業が大きな儲けをだしていれば借金は返していくことができますよね。そういった企業の稼ぐ力を判断することができる表であるといえます。つまり一定期間にどのくらい新しいお金を生み出したのかを示している表といえます。損益計算書は①収益，②費用，③利益の3つに区分することができます。順を追ってみていきましょう[4]。

①　収　益

　　収益は，純資産に含まれる**正味財産**を増やす要因を示した金額です。言い換えると収益は企業に残るお金が増える原因を示しています。つまり，収益とは企業が商品を販売したりしてお金を得ること，

4　図表9.1には利益という項目はないですが，厳密にいうと損益計算書と貸借対照表を同時に表記した場合，利益分が相殺され表記されなくなります。詳しくは簿記のテキストをご覧ください。

いわゆる企業活動のリターン（入ってきた金額）のことを指します。収益は主に**営業収益**と**営業外収益**に区分することができます。

営業収益とは**本業で入ってきたお金**のことをいいます。例えばコンビニがお菓子やおにぎりを販売した時に入ってきたお金が営業収益です。

営業外収益とは，**本業以外で入ってきたお金**のことをいいます。本業以外でどうやって収入を得るのだろうかとイメージがわかない人も多いかと思います。企業のお金を手に入れる方法はもちろん本業でお金を得ることは必要ですが，最近では本業以外でもお金を得る企業も少なくありません。例えば，余ったお金を銀行に預金することで利息がつきますよね。そういった利息や他社へ投資をしたときに入ってくるお金が営業外収益です。

② **費　用**

費用は，純資産に含まれる正味財産を減らす要因を示した金額です。すなわち，費用は企業に残るお金を生み出すために使った原因を示したものです。つまり費用とは，収益を得るための必要経費，いわゆる収益を得るために使った企業投資分を示したものです。

　企業がお金を増やすためには様々な費用（必要経費）があります。費用は主に営業費用と営業外費用に区分することができます。

　営業費用とは**本業でお金を得るために必要な経費**のことをいいます。例えば，コンビニでお菓子やおにぎりを販売するためには，それらをメーカーから仕入れる必要があります。その時に支払ったお金が営業費用です。また皆さんが受け取るアルバイト代などの給料も，コンビニ（企業）からすると支払わなければいけないお金なので，営業費用になります。

　営業外費用とは**本業以外でお金を得るために必要な経費**のことをいいます。例えば，建物を作るときに借金をした場合，利息を払う必要があります。そういったお金を得るために借金はしたけれども**本業にはかかわらない費用**が営業外費用になります[5]。

③　利　益

　利益とはいくら儲かったのかを数値としてあらわしたものになります。企業は複数の利益を開示していますが，今回は2つの利益に

5　この本では説明を省いていますが，さらに勉強すると他にも特別な事情により発生した収益と費用も存在します。

ついて説明します。

　1つ目が営業利益です。営業利益とは営業収益から営業費用を引いたものを言います。本業でいくら儲かったのかを表したものになります。企業の価値は本業でいくら儲かっているかがとても大事になるものなので注意してみるのもいいかもしれません。

営業収益－営業費用＝営業利益

　2つ目が当期純利益です。当期純利益とは，本業やそれ以外の収益・費用を合わせていくら儲かったのかを表すものになります。こちらの金額をもとに株主への配当が決まったりもします。そのため投資をする人に注目される数値となります。

総収益－総費用＝当期純利益

　今回は利益について説明を行いましたが，あくまで企業は利益を出すのが前提であるということで説明を行いました。ニュースなどで○○億円の赤字や損失という記事を目にすることはありませんか？　それは収益より費用のほうが大きくなっているからです。収益＜費用となるため，「収益－費用＝利益」という式から考えると，"利益"はマイナスになります。だから「マイナスの利益＝損失」なので，"赤字"や"損失"という言葉が出てくることになります。

Q. 貸借対照表と損益計算書とは何か，確認してみよう。

アルバイトから見る企業の成績表の見方

　　これから就職する人にとって，企業説明会に参加して企業の内容を聞くという機会があります。では企業説明会ではどんな説明があるのでしょうか。企業の財務諸表に絞ってお話しすると，企業説明会では資産・売上の金額をアピールする企業は多いと思います。それを聞くとすごく優良企業だなと感じる場合もあると思います。しかし，企業によっては，同じ数値でも良くも悪くもとらえることができます。

　　例えば売上50億円と聞けば，それなりに儲かっているかのように聞こえますが，もし費用が売上を上回っていれば，この企業は赤字であると言えます。この状態が続いてしまうと今後つぶれる可能性が出てきます。

　　他にも「A社が資産額100億円を持っている」と聞けば，倒産しな

いと考えていませんか？　必ずしもそうとは限りません。なぜなら資産を考えるときには，負債も同時に考えることが必要だからです。例えば土地を借金で購入したとします。土地の購入によって資産が増加しますが，同時に長期借入金，つまり負債も増加します。もし資産額だけに注目していると，負債の増加には気づかないのです。だからこそ企業の財務諸表を読むということが大切なのです。

1　将来性のある企業とは？

　　学生からよく聞かれることは，「企業の収益性，安全性，と言われると何をどう判断したらいいのか全然分かりません」というものです。そこでこの章では，収益性と安全性について簡単に説明したいと思います。

　　イントロダクションでもふれましたが，資産の大きさを見るだけでは企業の安全性を見ることができませんし，売上の大きさを見ただけでは企業の収益性は分かりません。単なる数字に囚われず，安全性や収益性の観点から企業を判断していく方法を説明します。それでは企業の安全性を読み解く方法からみていきましょう。

2　「企業が倒産しないか」を見る（安全性分析）

　　ここで質問です。企業の安全性とは何だと思いますか？　比較的経済が安定している日本の社会ではイメージしにくいかもしれません。安全性とは，**企業が倒産しない**ことを意味します。なにか特別な事情があった場合，倒産せずその危機を乗り切るためには一定のお金が必要です。つまり**安全性分析とは，お金にどれくらい余裕があるのかを読み解く作業**で，企業の支払能力を分析するのです。なお**安全性分析には貸借対照表が用いられます**[6]。

　安全性分析は現時点での企業評価をするのには向いています。ここでは流動比率と自己資本比率の2つの分析方法を説明します。

①　流動比率

　流動比率とは流動資産と流動負債を比べるものです。なぜこの2つを比べる必要があるかというと，**1年以内に返済する必要がある借金（流動負債）に対して1年以内に入ってくるお金（流動資産）でちゃんと返済する能力があるのかを見る**必要があるのです。すなわち，流動比率は"企業の短期的な安全性"を見る**指標**です。

流動比率＝流動資産÷流動負債×100（％）

　よく会計学では，この比率の目安として200％を超えているかどうかと言われます。もちろん200％を超えている企業もありますが，実際あまり多くはありません。それでも目安として130％程度は必要です。

　なお100％を下回ると借金の返済ができなくなる可能性が高まります。企業は，借金の返済だけではなく商品を仕入れたり従業員への給料を支払う必要があるため，流動比率は大きければ大きいほど企業が倒産しにくいといえます。

②　自己資本比率

　自己資本比率とは，**資産のうち純資産がどれぐらいあるのかを表す比率**です。**純資産**とは返済する必要がないものです。つまり自己資本比率とは，財産のうち返済不要なものがどのくらいの割合であ

6　貸借対照表…ある決まった日に現在の企業の財産を項目別に分類した表。詳しくはp.96〜p.100参照。

るのかということです。一般的に返済が必要ないものの比率が高い
ほど会社は潰れにくいので，自己資本比率は企業の安全性を表す指
標になります。

　自己資本比率は，"企業の長期的な安全性"を見る指標と言われ
ています。

自己資本比率＝純資産÷資産×100（％）

　この比率を見るときに目安としてほしいのは，比率40％を超えて
いるかどうかです[7]。70％もあればかなりの安全な企業といえるの
ではないかと思います。わが国のこの比率を見るうえで一応安全だ
よとされる比率は，30％以上のようです[8]。なお「なぜ自己資本比
率が低いのか」を考えるのも大切です。なぜなら，新事業を立ち上
げた・新しい支社を作ったとなると立ち上げに向けて負債が増えて
いる＝自己資本比率が低い可能性があるからです。

気になってる
会社の情報を見て
計算してみよう

7　財務省の公表した『年次別法人企業統計調査（令和2年度）』によると，最近5
　年間の自己資本比率の平均は41.4％（金融業，保険業を除く）です。

8　佐伯良隆，『100分でわかる！決算書「分析」超入門2021』，朝日新聞出版
　木村直人，『これならわかる基本書キホン50！』2021年度版，中央経済社
　矢島雅己，『決算書はここだけ読もう』2021年度版，弘文堂
　を参照してください。

流動比率と自己資本比率の２つの安全性分析を行うことで企業が
倒産しないかどうかを判断することができます。もちろん数年先を
考えるとなると収益性の分析も必要です。

3　「企業の稼ぐ力」を見る（収益性分析）

さらに質問です。収益性とは何だと思いますか？　収益という言
葉から損益計算書と関係するのかなとチラッと思った方，鋭いです。
収益性とは企業の稼ぐ力を意味します。稼ぐ力とは新しいお金を生
み出す力です。つまり**収益性分析とは，財務諸表から企業の新しい
お金を生み出す力はどれくらいあるのかを読み解く作業**ということ
です。そのため収益性分析には，主に損益計算書が用いられます[9]。

収益性分析は**数年先の企業を評価する**のには向いています。ただ
しあくまでこの儲けが続いていけばということが条件になります。
ここでは，売上高営業利益率と総資産利益率（ROA）の２つの分
析方法を説明します。

①　売上高営業利益率

売上高営業利益率とは，本業での儲けが売上に対してどれくらい
の割合であるのかを見ることができます。つまり"企業の短期的な
収益性"を示しています。

売上高営業利益率＝営業利益÷売上×100（％）

目安としては企業平均３％～５％程度[10]であり10％もあれば優良
といえます。利益率が３％というと少ないと思う人も多いのではな

9　損益計算書…企業が１年間にいくら利益が出たのかもしくはいくら損失を出して
　しまったのかを見る表。詳しくはp.100～p.103参照。

10　経済産業省の公表した『2020年企業活動基本調査（2019年度実績）』を参照。

いでしょうか。コンビニの例で考えると売上の多くは原価と言われる商品を仕入れるための費用になります。さらにそこから従業員の人件費，お店の電気や水道代など運営するときに必要な費用が発生します。そのことを考えると利益の割合はこの程度に落ち着くのです。**つまりこの数値が高いということは本業で儲かっているということがわかる**のです。企業の経営が上手くいっている証拠と言えるでしょう。

②　総資産利益率（ROA＝Return on Assets）

　総資産利益率（ROA）とは企業の財産である資産からどれだけ効率よく儲けることができたのかを見るものになります。資産の有効利用度を示します。つまり企業の体_{からだ}（資産）を使って，どれだけ成果（利益）が得られたのかを見るのです。なお，企業の利益は複数開示されていますが，本書で使用するデータは当期純利益と資産です。式は以下のように表します。

$$
総資産利益率＝当期純利益÷資産×100（\%）
$$

　目安としては5％〜10％なら優良企業と言えるのではないでしょうか[11]。企業が新しいお金を得るためのお金，つまり資産が必要になります。資産を効率的に運用できているかというのも大切です。経営者の目的は，「集めたお金を活用して，いかに最大限の利益を生み出せるか」にあるので，総資産利益率（ROA）はその効率性を表した指標なのです。つまり**“企業の長期的な収益性”**を示しています。

11　佐々木理恵，『ここだけ読めば決算書はわかる！』，2022年度版，新星出版社，p.58参照。

就職活動や
転職に備えて
これも調べておこう

4　企業の成績表（財務諸表）が読めると何が良いのか？

　　今回は４つの分析を紹介しました。企業を分析するには安全性・収益性両方に目を向けてほしいのですが，まず自分はどちらを優先するのかと考えて，そちらを中心に企業をみてはいかがでしょうか。人それぞれ企業の経営に何を求めているのかは違ってきます。もしこの章を読んで企業分析に興味をもたれた方は別の分析もありますので，企業をどのように見るのか自分なりに考えてみてください。将来就職活動をするとき，就職後に勤めている企業がどうなのか考えるようになったときに役立つときが来ると思います。もちろん事務職についたときも必要ですが，営業職についたとき取引先が倒産しないのかを見ることもできるので，必要な知識です。

　　会計は**経理**という印象が強く，地味と思われがちかもしれませんが，企業が活動をするのにお金の流れは必要不可欠です。「会計の数値は人を説得するためにも必ず役に立つ」と私は信じています。

おわりに

「簿記や会計の知識を学ぶと企業を分析できるようになるんだなぁ。ここもなかなか難しそうだなぁ。それから安全性分析や収益性分析はセットで考えないとダメって事も覚えておく必要があるなぁ。今度，簿記のテキストを買ってみよう。テキストを読むだけでも他のこともわかるかも！　就職活動にも役立ちそうだしな」

　いかがでしたか？　簿記になじみがない人にとっては難しかったかもしれませんね。ケイスケ君の言うとおり，安全性分析と収益性分析はセットで考えてくださいね。この2つの分析を使えるようになると，就職活動の面接や企業説明会に行くときにきっと役立つことでしょう。また簿記の資格取得を目指すことも良いかもしれませんね。

第 IV 部

アルバイトから見る人間関係

第Ⅳ部　は じ め に

ケイスケ君がコンビニのアルバイトを始めて約１年。ケイスケ君に待望の後輩ができました。ところがその後輩が１か月もしないうちに突然やめてしまったのです。それはケイスケ君にとって衝撃的な出来事でした。

「コンビニでアルバイトを始めてもう１年か～。初めてのアルバイトだったから，どうなるかと思ったけど優しい先輩や店長がいる所で良かったな。いくら時給が高くても怖い先輩がいたら嫌だしな。でも後輩はすぐにやめてしまったなぁ…。よく考えたら，就職活動するときに企業の内容や給料ばかり気にしていたけど，社内の雰囲気やどんな人がいるのかをみておくことも大事だなぁ。そう考えたら，アルバイトや社員を雇う人はどんなところを見ているのか気になるなぁ。今回はそれを学んでみよっと！」

ケイスケ君にとっては良いアルバイト先だったようですが，どうも後輩にとっては違ったようです。人によって多少考えが異なると思いますが，時給が良くても働いている環境が良くないと仕事の効率も下がり，働く意欲も下がると考える人が多いようです。そこで第Ⅳ部では，コミュニケーションについて簡単に説明した後，人間の心理的要因が働くときにどのように影響するのか，実際に行われた実験結果をもとに学んでいきましょう。そして人間関係が働く事とどう関係してくるのか，考えていきましょう。

第11章

アルバイトから見たコミュニケーション

イントロダクション

　　皆さんは，社会に出るとコミュニケーションをとることが大切だということを聞いたことがあると思います。もちろんアルバイトでもコミュニケーションが大切です。そこでこの章ではコミュニケーションについて考えてみたいと思います。

1　"相手に伝える" ことは難しい？

　　皆さんはコミュニケーションとはどんなことか知っていますか？コミュニケーションとは，**情報を発信する側の考えや思いが言語化（記号化）された信号を，受信した側が解読(かいどく)して意味を読み取るという情報伝達のことです。**発信側と受信側は異なる人間です。そのため発信側の考えが相手にうまく伝わらないケースが発生するのです。

　　具体的に考えてみましょう。例えば「昨日のドラマの主人公，ヤバかったね」という言葉を聞くとどのようにとらえますか？　主人公に危険なことがあったのだと受け取るかもしれません。もしくは主人公が非常にカッコいいという意味でとらえるかもしれません。

　　実は発信者側はカッコいいという意味で使ったにもかかわらず，受信者側は主人公が危険な目にあったのだと受け取ったとしたら，会話が成り立ちません。

　　このことから，コミュニケーションをとる場合には，発信者側は**「自分が発した言葉を相手がどのように受け取るかを考えながら伝**

えていくこと」，受信者側は「相手が発した言葉の背景_{はいけい}やその前後
の意味を考えながら受け取ること」，が重要です。

2　言葉だけがコミュニケーションではない

　皆さんは「目は口ほどにものを言う」という言葉を聞いたことが
ありませんか？　実はコミュニケーションには2種類あり，**バーバ
ルコミュニケーション**と**ノンバーバルコミュニケーション**と分ける
ことができます。

　まずバーバルコミュニケーションとは，**言語的コミュニケーショ
ン**のことで，**"言語を使った"コミュニケーション**のことを言います。

　一方，**ノンバーバルコミュニケーション**とは，**顔の表情やジェス
チャーなど"言葉以外の"コミュニケーション**のことを指します。
身振り手振りはもちろん，嬉しいときにハイタッチするのもコミュ
ニケーションです。またアルバイトの面接で相手に良い印象を持っ
てもらいたいために清潔感ある服装や髪型にしたりするのもこれに
あたります。

　そうなると，話すのはちょっと苦手だという人も目から入る情報
を利用して，表情を使ったり，見た目やジェスチャーを駆使_{くし}したり
して，それを相手に読み取ってもらってはいかがでしょうか。

3　伝え方一つで人間関係が変わる？

①　自己主張（アサーション）

　　皆さんは自分が思ったことを言ってしまうタイプですか？　もしくは言いたいことを言わずに我慢するタイプですか？

　　実はどちらのタイプも人間関係を悪くする可能性があります。ストレートな物言いで相手を非難したかのようになってしまうかもしれません。もしくは言わずに我慢して相手への不満をため込んでどこかで感情が爆発してしまうかもしれません。こう考えるとどちらも良い人間関係がつくれませんね。できれば相手を傷つけずに，また自分も不満をため込まずに相手に自分の思いを伝えられればよいですね。

　　解決方法の１つにアサーションがあります。アサーション（assertion）とはコミュニケーションスキルの１つで，自分と相手の気持ちに配慮しながら自分の主張をします。自己主張と言っても，単に自分のことだけ考えて相手を踏みにじる，自分の意見を押し付ける（アグレッシブ＝攻撃的）ではなく，かと言って何も言わない（ノンアサーティブ＝非主張的）でもないということです。

　　「アグレッシブ」とは，他人に共感することなく，自己主張してしまうことです。例えば「相手の考えや感情を無視し，自分の意見を通してしまう」とか「相手を見下して，自分が優位に立とうとする」行動です。

　　「ノンアサーティブ」とは，他人の意見を優先しすぎて，自分の意見や気持ちをうまく伝えられないことです。例えば「自分よりもつい相手を優先してしまう」とか「相手に対して『自分にも気を遣ってほしい』という気持ちを抱いてしまう」行動です。

　それに対してアサーションは，その場面に合った適切な表現を選択し，相手の意見や気持ちをきちんと受け止めながら，自らの意見や気持ちを主張できる行動です。

　アサーションの具体的な行動として，アイメッセージがあります。次にアイメッセージについて説明します。

② **アイメッセージ**

　自己主張が大切だということは分かっていただけたと思います。しかしこれまで自分の意見を言えずにいた人にとって意見を言うことは勇気がいりますよね。

　逆にストレートに意見を言って相手を傷つけた経験がある人にとっては，どのように伝えたら良いのかわからないということがあるかもしれません。

　そんなときに，私（I）を主語にしたアイメッセージを使うと良いと言われています。例えば，静かにしてほしい相手に「うるさい！」というのではなく，「私はあなたに静かにしてほしい」と言い換えるのです。同じことじゃないか，と思うかもしれませんね。でも「うるさい」と言うと，言われた側は叱られた，非難された，

否定された…といった思いを抱くのに対し，「私はあなたに静かにしてほしい」と言ったら相手はどう思うでしょうか？　叱られていると受け取るより，お願いされているという気持ちで受け取れるのではないでしょうか。

　また言った側も「私は…」を主語にすることによって，自分が今どんな気持ちでいるのかを自覚することができますし，それを依頼する形で相手に伝えることができます。

　いかがですか？　一度試してみてください？

4　コミュニケーションと「聴く」

　皆さんは，相手の意見や気持ちをきちんと受け止める（きく）というとき，どのようなことを意識しますか？　一般的にコミュニケーションでは話すこと以上に「聴く（受け止める）」ことが重視されます。相手の話，相手の要望をきちんと聴いたうえで応えることがコミュニケーションの基本だからです。その際，"きく" 姿勢は「聞く」より「聴く」を心がけましょう。「聞く（hear）」は，音・声を耳に受ける。耳に感じ取るという意味ですが，「聴く（listen）」は，注意して耳をとめる。耳を傾けるといった意味になります。

　コミュニケーション時に聞いている状態で，「分かった？　ちゃんときいている？」と注意されたことのある人は，もしかしたら注意して耳を傾けていない状態，つまり聴いていない状態であることが相手に伝わってしまったのかもしれませんよ。そんな状態が続けば，話している方も "言っても無駄，話す価値がない" と感じてしまうかもしれませんから，やはり「聴く」ことは大事ですね。相手とのコミュニケーションが苦手な人は，まず「聴く」ことから頑張ってみましょう。

5　アルバイト先でコミュニケーションを実践しよう

　　皆さんはどうすればコミュニケーションが身につくと思います
か？　実際には，コミュニケーションは頭で分かっていても，何度
も実践しなければ身につきません。特に，同年代や同じような環境
下にいる相手とならコミュニケーションがとりやすいかもしれませ
んが，年代が違っていたり，初見者だったりした場合は状況が変
わってきますよね。敬語を使う必要があるとか，話の状況説明から
必要になるとか，何度か経験することによって，慣れていくもので
す。

　　社会に出たら，皆さんが出会う人たちのほとんどが人生の先輩方
ですから，ぜひアルバイトを通じて慣れておきましょう。アルバイ
トでは，学内で出会う人たちとは違う年代，違う環境や背景を持っ
た人たちと出会うチャンスがたくさんあるはずです。

　　例えば，コミュニケーション力を鍛えるために，接客系のアルバ
イトをする学生の事例を見てみましょう。

　幼い頃から人見知りだった私。人見知りを克服したくてスーパーでアルバイトをやってみた。初めは声が小さいと指導員さんに怒られていた。元々声が小さいわけではないのに，自信のなさや緊張からつい小さくなってしまう。声が小さいと言われて悔しかった。「逆に声を精一杯出してやろう。」と思った。「いらっしゃいませ!!!」「ありがとうございます!!!」この2つだけは必ずといっていいほどいう言葉。だからこの2つの言葉を大きな声で言うように頑張った。すると周りからは「いい声」「元気がもらえる声」「よく通る声」等絶賛される事が多くなった。

　いまだに自信がない，緊張しい，人見知りは変わらないが，授業やゼミの課題発表の場面で大きな声で発表し，たくさんの人に聞いてもらえるように努力している。

　いかがでしょうか？　社会人になると，チームのメンバーが仕事をしやすいように『○○の営業に必要な資料を作りますか？』と先回りして提案したり，実際に営業をして気づいた点を改善したりすることも大切なことです。そういった気遣いや心配りはアルバイトの中でも意識してやっていると身に付きます。

　p.117～118で，『コミュニケーションをとる場合には，発信者側は「自分が発した言葉を相手がどのように受け取るかを考えながら伝えていくこと」，受信者側は「相手が発した言葉の背景やその前後の意味を考えながら受け取ること」が重要です』と書いてあります。このことを頭に入れて，ぜひ自分から積極的に相手に声を掛けたり，相手の話を聴いてみたりしてください。

第12章

アルバイトから見る働く意欲と欲求

イントロダクション

　　第11章では，アルバイトを通してコミュニケーションを身につけることができるという話をしました。しかし現在アルバイトをしている皆さんは，それ以外の理由で始めたもしくは始めようとしている人も多いのではないでしょうか？　例えば，大学生になったのだから，友だちと遊びに行くとか趣味に使うお金くらいは自分で何とかしようと思って（もしくは親から自分で何とかしなさいと言われて），アルバイトをすることになったという人もいるかもしれません。また，何かの目的のために貯金をするという人もいるかもしれません。他には，アルバイト先で新しい友だちを作るという人や，働いて稼ぐことを知るためにアルバイトをするという人もいるようですね。

　　それではこの章では働く意欲と欲求について考えてみましょう。

1　意欲とは

　　意欲とは何でしょう。辞書をひくと，①積極的に何かをしようと思う気持ち，②種々の動機の中からある1つを選択してこれを目標とする能動的意志活動，とあります。この説明からあなたはどのような印象を受けますか？　また，どのように考えますか？

　　積極的という言葉はポジティブとも言います。意味としては，物事をすすんでしようとする様と書かれています。また，能動的とは自ら働きかける様を言いますから，意欲とは，**すすんで何かをしようと思う気持ちやある動機を目標に自分から働きかける活動**である

ことが分かります。そのように解釈すると，意欲とは自分を突き動かす気持ちやエネルギーのように感じる人もいるのではないでしょうか。

　例えば，学習意欲・創作意欲・購買意欲・生活意欲・研究意欲など，働くことに限らず使用されます。いずれも，学習や創作，購買することや生活すること，また研究といった目標に向けて自ら取り組もうとする気持ちやエネルギーが感じられますね。

2　意欲と欲求

　では，そうした目標に向けて自ら取り組もうとする意欲は，長い間保ち続けることができるでしょうか。

　それを考える前に，意欲と欲求について説明しましょう。というのも，意欲も欲求も英語に訳すと同じ言葉でdesireとなります。また，欲求を辞書で調べてみると心理学用語として，行動に駆り立てるもととなる緊張状態，心理的・身体的・社会的なものがある，と書かれています。

　この章の「はじめに」で，ケイスケ君が企業の内容や給与でない部分にも目を向けたように恐らく皆さんがアルバイトをすることに

よって得られるもの（目的）を手に入れたい欲求から，それを期待して行動しようと思ったことも含まれているのではないでしょうか。

3　欲求段階

　アメリカの心理学者アブラハム・H・マズローは人間を行動に駆り立てること（動機づけと言います）の背後には欲求があり，その欲求にはいくつかの段階があるとしています。アルバイトを始めようとした理由で，例えば，大学に入学してから一人暮らしを始めたけれど，食費や家賃・光熱費などの生活費は全て自分で賄わなければならないという人は，食べ物や住む部屋などを手に入れるためにお金を稼がなければなりませんね。そうした食欲や睡眠欲，排泄などの**生理的欲求**がこの欲求段階の出発点になります。

　それがある程度満たされるようになると，その生活を経済的にも，健康面でも，安全面でも安定させたいと考えるようになります。それが次の段階の**安全の欲求**となるのです。

　さて，ここで前の質問に戻りましょう。"目標に向けて自ら取り組もうとする意欲は，長い間保ち続けることができるでしょうか？"という質問です。アルバイトを始めるときには一人暮らしをするた

めに家賃や食費を稼ぐためだった動機が，働き始めて少しずつお金
が貯まるようになり，生活が安定してくると，それだけのためにア
ルバイトを続けるというよりは，もう少し違った目標が出てくるの
ではないでしょうか。

　例えば，自分がアルバイト先から必要とされたり，自分の役割を
きちんと果たせたりしたときの喜び，また共に働くアルバイト仲間
から受け入れられていることや，そこに所属していたいという感覚
です。それは先ほどまでの段階からすすんだ欲求で**所属と愛の欲求**
と呼ばれています。

　また，所属と愛の欲求が満たされると，人間の欲求はさらに次の
段階にすすみます。それは**承認の欲求**です。自分が所属する集団か
ら価値のある存在だと認められて，尊重されたいという欲求のこと
で，マズローはこの尊重には２つのレベルがあると言っています。
１つは地位や名声，人からの注目，優越感，評価など（他者からの
尊敬）を指し，もう１つの尊重欲求は技術や能力の習得，自立性，
自己信頼，世の中を前にしての自信など，他者よりも自分自身の評
価を重視できること（自尊心）です。
　これらの欲求が妨害されると，劣等感や弱さ，無力感などの感情

が生じるとも述べています。また，マズローに限らず心理学者の多
くが言うように，私たちは他者からの意見や評価，外からの名声な
どではなく，他者からの正当な尊敬に基づいた実際の能力や仕事に
対する適切さによって自身の尊重欲求を形成していくことが重要な
のです。つまり前者にとどまり続けるのではなく，後者のように自
分で自分を信頼できる強さを持てるようになっていくことが大事で
あるということになりますから，アルバイトを経験する中でそれら
が身につくと良いですね。

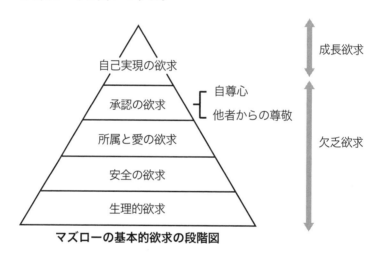

マズローの基本的欲求の段階図

　欲求が4つまでできましたが，マズローは5段階目に次のような欲
求があると言っています。それは**自己実現の欲求**です。自己実現と
いう言葉はクルト・ゴールドシュタインが初めて作り出したと言わ
れていますが，マズローはさらに限定して，その人の内面に存在し
ているものを実現しようとする傾向を指しています。そして，自己
実現の欲求が満たされないと，人はこれまでの欲求（4つ目まで）
がすべて満たされたとしても，自分に適していることをしない限り，
また新しい不満が生じてきて落ち着かなくなってしまうことになる

というのです。これまでの欲求の段階を例を使ってまとめると，こんな感じです。

『一人暮らしをしていくために，最初はアパート近くの比較的時給の高いところでアルバイトをしはじめて（生理的欲求），ある程度人並みの生活ができるようになりました。そこでもうしばらく続けていると（安全の欲求）仕事にも慣れてきて，やがてアルバイト先で先輩に目をかけてもらえるようになったり，他大学の友だちができたりしました（所属と愛の欲求）。

　仕事が忙しいときには頼りにされるようになり，自分でもできるだけシフトに入るようにしました。するとある日アルバイトリーダーを任されるようになって，ますますアルバイトにも励むようになりました（承認の欲求）。

　ふと思い返してみると，今では生活のためというよりは，アルバイト仲間と一緒にいたいから，またアルバイトリーダーとして仲間からも認めてもらっているから，続けてきて良かったなぁと思う自分がいました。ある日，同じ大学の仲の良い友人とアルバイトの話をしました。その友人はアルバイトと趣味にしていたことが一致しているようで，とても楽しそうでした。その日，帰宅して友人の話を思い出しながら，部屋の隅に置きざりにされたテニスラケットを取り上げました。中学から高校までの6年間がんばって続けてきて

県大会で優勝までしたテニスも，今ではすっかりラケットすら握らなくなってしまったなぁ，と思いました。

時間があればもう一度やってみたいけれど…。部活やサークルに入る時間はないしなぁ…，とも思いました。

そうか，テニススクールでアルバイトをすれば，自分のやりたいこととお金を稼ぐことの両立ができそうだし，自分の好きなことと得意分野が活かせるじゃないか…と考えて，特に募集は出ていなかったけれど，通学途中にあるテニススクールに自分からアルバイトを申し出てみました（自己実現の欲求）。』

いかがですか？　欲求（意欲）は自分の中から出てくるものですが，決してひとつではないし，その時々によって変化するということがわかりますね。今アルバイトをしている人は，自分がどの段階にあるか振り返ってみましょう。

Q. あなたの欲求はどの段階にありますか？　また，その欲求はどのように変
化してきましたか？

第13章

アルバイトから見る働く意欲の保ち方

イントロダクション

　　アルバイトをするためには，まずアルバイト先に雇ってもらう必要がありますし，そのために履歴書を書いたり，面接を受けたりするわけですから，ただ何となくというわけにはいかないでしょう。履歴書を書いた人なら，また面接を受けた人なら，記憶にあると思います。必ず訊かれる志望理由です。

　　"なぜ，アルバイトをしようと思ったのですか？　なぜ，うち（当社）で働こうと思ったのですか？"

　　その"なぜ？"の答えが，皆さんがアルバイトをしようと思う『働く意欲』の1つではないでしょうか。

　　ここで1つと書いたのには理由が2つあります。それは前章で説明した通り，働く意欲が1つに限らないこと，そしてもう1つは働く意欲だと思っていたことがアルバイトを続けているうちに変化していくということです。この章ではそのことについて考えてみましょう。

1　フロー現象

　皆さんは，勉強や部活動，習い事などに夢中になって時間が経つ^たのを忘れたという経験はありませんか？　M.チクセントミハイはフロー現象というものを1968年に発見しました。正確には，古代からあったものを再発見したのだと『フロー体験入門　楽しみと創造の心理学』の中で書いています。それは，"集中が焦点を結び，散_{さん}漫_{まん}さは消滅し，時の経過と自我の感覚を失う。その代わり，われわれは行動をコントロールできているという感覚を得，世界に全面的に一体化していると感じる"とあります。体験したことのない人にはなかなかわかりにくい表現かもしれませんね。

　簡単にいうと，活動に没頭_{ぼっとう}して時間の感覚を忘れ，その活動の中に遊びのような性格を見い出し，面白さやワクワクするような楽しさ，さらには有意義に感じる体験をいうようです。

　なぜフローと呼ぶのかについては，それを体験した人たちが「フロー（流れ）の中にいるようなのです」と述べているところからきているのだそうです。

　もしあなたが今日も大学の授業が終わったら行かなければならな

いアルバイト先で，仕事中にフロー現象を体験できたらどうでしょうか。アルバイトを楽しめそうですか？

2　フロー状態

　チクセントミハイによると，フロー現象は人が行動の機会（チャレンジ）と行動の能力（スキル）のバランスが取れたギリギリのところで活動しているとき，意識が変わり始めて現れるのだそうです。しかし，普段の生活の中でなかなか体感できないのは，活動の目標が不明確であることや，自分の能力に対してチャレンジがあまりに高すぎるか低すぎるかという状況だからであるとも書かれています。

　その結果，目標が能力以上に高ければストレスや不安につながり，逆に低ければ退屈を感じるのです。そして，多くの人々にとって平均的な毎日はストレスと退屈が交互にやってくることの繰り返しで，それは決して気持ちの良いものではありません。

　しかし，チャレンジとスキルのバランスがとれたギリギリのところで活動すればフロー状態が得られるというのであれば，その状況をつくってみれば良いとも言えます。そういう意味では，人から与えられた目標や課題よりは自分で設定したほうが良いかもしれませんね。自分の実力は自身が一番よく分かっていますから，課題のレベルと締切り時間も自分が一生懸命にやってギリギリできるくらいに設定しておけば，集中して取り組めるのではないでしょうか。

　チクセントミハイは著書の中で，「微細（びさい）な変化が偉大な発見になる可能性があるから，人が嫌う月並（つきな）みな仕事にさえ期待して楽しみにすることで専門的な活動に変えうる」と述べています。そして，「(1)まずはそこで何が，なぜ起こっているかを完全に理解するために注意を払い，(2)次に，起きていることがその仕事の唯一のやり方だと消極的な受け入れをしないこと，(3)そこからより良いやり方が

見つかるまで，それらに伴う選択肢と体験を楽しむことが必要不可欠である」と書いています。

　つまり，人が嫌がるような単純な作業であっても，その仕事を完全に理解・習得するために注意を払い，それまでのやり方以上の方法を考え，その体験を楽しむことで，その作業に夢中になることができます。場合によっては，今まで以上のより良い方法を見つけられるかもしれません。

　例えば，あなたがコンビニでアルバイトをしていたとします。主な仕事は接客のためにレジを担当することですが，空いた時間を利用して，商品の陳列や設置してあるゴミ箱のゴミを回収して集積所に持って行くという仕事などもあります。

　いずれも初めにやり方を教えてもらい，教わった方法を何度か繰り返すことによってできるようになっていくでしょう。しかし，できるようになったからといって教わったままのやり方を延々と繰り返すのではなく，より効率的なやり方を考えたり，共に働く仲間や来店客が喜んでくれる方法を編み出したりすることでチャレンジに対して自分自身のスキルを上げることができます。また，双方のバランスが良ければ，あなたは時間を忘れて仕事に没頭でき，さらにより良い方法を求めてワクワクできるのではないでしょうか。

3　フローと社会的文脈

　　この章のはじめに，アルバイトを始めるきっかけとしてアルバイ
ト先で新しい友だちを作りたいという人がいるということを書きま
したが，一人でいること，または両親といること，そして友人とい
ることはフローとどのような関係があるのでしょうか。

　　アメリカのデータではありますが，様々な社会的文脈で10代の体
験の質がどのように変化するかをグラフにしたものがあります。

　　下の図表13.1のグラフを見ても明らかですが，人々にとって最も
ポジティブな体験は友人といる体験で，特に10代の若者に当てはま
ると言えます。幸福においても，またモチベーション（動機づけ）
や力強さについても，いずれも高い数値で他の２つに大きく差をつ
けています。一方で一人でいるときの幸福や力強さは，友人といる
ときと対比してマイナスに高い数値となっています。モチベーショ

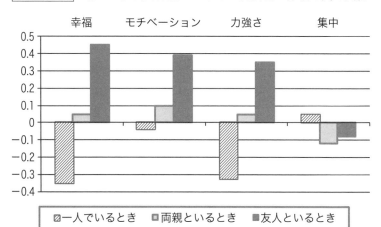

図表13.1　様々な社会的分脈における10代若者の体験の質の変化

出所：Csikszentmihalyi and Larson 1984 一部改変

ンについても幸福や力強さほどではありませんが，マイナス側にグラフが伸びています。

　これは，アルバイト先で友人と一緒に働くことは幸福や力強さの感情やモチベーションが上がり，ポジティブな体験ができるといえます。グラフには注釈として，「アメリカでも外国でも」と書かれていることから，アメリカに限らず，恐らく日本でも数値の違いはあるにしても同様のグラフの形になるのではないでしょうか。

Q. あなたはフロー状態を経験したことがありますか？　また，それは何をしているときに経験しましたか？

アルバイトにあたえる心理的要因

イントロダクション

　もしあなたがアルバイトをやっているとしたら，そのアルバイト先を続けるのはなぜですか。もちろん時給が良いということもあるでしょう。それ以外に，職場の人間関係があるのではないでしょうか。

　では，アルバイト先に求める人間関係とはどんなものでしょうか。「明るい」，「相談できる」，「失敗してもサポートしてくれる」などがあがるかもしれません。

　アルバイトをやっていれば，アルバイト同士だけでなく，社員や社長など色々な人と仕事を共同で行うこともあるでしょう。この章では，人間の心理的要因が働くときにどのような影響を与えるのかについて見ていきたいと思います。最初にそのことを検証した実験から見ていきましょう。

1　ホーソン実験

　さて突然ですが，ここで質問です。あなたは暗い場所で作業する
のと，明るい場所で作業するのでは，作業効率が良いのはどちらだ
と思いますか？

　おそらく明るい場所での作業だと答えるのではないでしょうか。
このような実験が1927年から1932年にかけて，ホーソン工場で実施
されました。この実験はホーソン実験と言われ，単に技術的，物理
的な条件の変化だけではなく，人間の内面も分析対象になりました。
この実験にはメイヨーとレスリスバーガーという専門家も参加し，
特にメイヨーは，過去に職場での離職率<ruby>離職率<rt>りしょくりつ</rt></ruby>が高い理由を発見し，離職
率を下げることに成功していました。

　実際にホーソン工場で照明を変化させたグループと変化させない
グループを対象に，照明実験が実施されました。皆さんが予想した
ように，照明が明るくなれば，それだけ生産量が上がるだろうと想
定されていました。

　結果は，工場内の照明を明るくした場合は更に作業効率が上がり，
予想通りでした。ところが，工場内の照明を暗くしても従来よりも
作業効率が上がったのです。これは予想と違ったことです。つまり，
この実験からは照明の暗さと作業効率には関係がないと判断されま
した。

　そのほかの実験として，流れてくる電話用部品の組立作業に関す
るものがあります。その作業に従事する女性の工員を何名か選び，
作業条件を変更しながら26か月にわたって実験を行いました。例え
ば，温度を上げたり下げたり，休息を与えたり与えなかったり…。
このような場合，一般的には突然の環境変化という心理的な衝動<ruby>衝動<rt>しょうどう</rt></ruby>に
より，工員の生産量は低くなると予想されていました。ところが生

ホーソン工場の照明実験ではこんなやり取りが行われていた!?

産性が低くなるどころか，結果は最高の生産量を示すことになった
のです。

2　ホーソン実験で明らかになったこと

　ではなぜ，作業条件を変えても生産量は影響を受けなかったので
しょうか。それは，工員たちが持っていた「選ばれている」という
感覚が生産量に影響を与え，また，「選ばれた作業集団の一員」と
いう意識を個々のメンバーが持つことにより，一体感や達成感をも
たらし，そのような満足感がさらに生産量を高めるように作用した
と考えられます。この実験によって，人間の心理的要因の重要性が
初めて指摘されたのです。

　その結果，人間の心理的要因を重要視した新たな組織理論と管理
論の必要性が高くなったのです。このホーソン工場の実験から次の
4つの結果が出ました

①　物理的作業条件と作業効率との間には，従業員の感情や意欲と

いった主観的（しゅかんてき）な態度があり，これが大きく影響している。

② この主観的な態度は，自然発生的に生じる非公式的（公式的な組織に対して，趣味や性格によってできた非公式な組織のこと）な人間関係，いわゆる非公式集団の集団規模の影響を大きく受ける。

③ この集団規模が企業の組織目標をサポートするのであれば，生産性の向上につながる。

④ 非公式集団の人間関係の良し悪しや集団規模の内容は，管理者の管理行動（上司が部下に仕事内容に関する指示をすること）の良し悪しに大いに依存している。

💡豆知識…非公式組織とは

　企業内で自然に発生する「仲の良い仲間」，「遊園地に行くメンバー」など。このような仲間（メンバー）は，

　　①性格が似ている

　　②仕事に対する考え方が似ているなど

自然と集まってできるものである。

公式組織に比べて構成人員同士の仲が良く，プライベートな付き合いを行う傾向が強いといわれている。

3　アルバイトの心理

　　アルバイトで働くという場合も，この人間が持つ心理的要因が，働き続けるかどうかを判断する要素として大きな影響を及ぼしています。また同じ職場で働くメンバーの人間関係によっても，その心理的判断に大きな影響を及ぼしています。アルバイト先で働くということは，そこで働く正社員とのかかわり方も重要なポイントとなります。もしアルバイトが，上司である正社員の管理者能力が低いと思えば，その職場で働くことにやる気を下げてしまい，アルバイト先を辞めてしまう場合もあります。

Q. あなたはどんな職場環境で働きたいと思いますか?

第15章

アルバイトと職場の関係

イントロダクション

　　企業には，主に総務（人事と経理^{けいり}など）を担当している人と，営業を担当している人，製造を担当している人がいます。このうち，人事を担当している人が採用を担当して，一般的にこの人を採用担当者と言います。

　　採用するということは，現場（営業や製造などを担当する人）が希望しているアルバイト人材を整理して採用するのが本来の仕事です。そのため採用担当者は，必要でかつ優秀であると判断した人材をアルバイト採用しています。

　　しかし，現場からは，このようなことばを聞くことがあります。「私の部署に優秀なアルバイト人材を回してくれないから，成績が悪い」とか，「昔は優秀なアルバイト人材がいたから成績が良かった」などといったことです。特に飲食関係や販売関係の職場でこのような話を聞くことがあります。

　現在のコンビニや飲食業などは，アルバイトの労働力があるから運営できていることも事実です。しかし，アルバイトが職場で働くことは，その会社の正社員として働いているわけではありません。あくまでも，アルバイト人材として採用していることを忘れてはいけません。この章では，アルバイトと職場の関係について見ていきましょう。

1　アルバイト人材の採用

　採用担当者と現場とのアルバイト人材に関する認識の違いには，大きな問題が隠されている場合もあります。それは，採用担当者だけの偏った判断で，必要と考える優秀なアルバイト人材を獲得してしまうことです。すなわち，現場の声を聴いていないという問題です。

　一般的に"優秀な"アルバイト人材を採用していれば，問題は起こらないだろうと考えがちです。しかし，"どんなことに優秀なのか"ということで話が変わってきます。採用担当者による独断でアルバイト人材を採用した場合，本当に必要とされている人材を採用できていない場合が多くあります。このアルバイト人材の採用をめぐっ

て，採用担当者と職場で働く人々との人間関係をこじらせてしまう
こともあるのです。

2　アルバイトと従業員

　採用担当者の判断のみで採用したアルバイト人材は，必ずしも現
場の評価を得られるとは限りません。現場からは役に立たないと判
断されている事例もあります。つまり企業からは必要とされて採用
されたとアルバイトが考えて現場に臨んでも，実は現場で必要とさ
れていなかったということに遭遇するのです。

　繰り返しになりますが，アルバイト人材の採用で重要なことは，
採用担当者による判断のみならず，現場の意見を必ず聞くことです。

　例えば，ある特殊なパソコン作業ができるアルバイトが来てくれ
たと思っている社員がいて，その作業をアルバイトにお願いしたら，
「それはできません」とあっさりと断られてしまったとします。す
ると，次回からはその作業をお願いできず，作業を頼んだ社員は「全
く役に立たないアルバイトを採用して何を考えているのだ」と考え
るかもしれません。その結果，現在も職場は忙しいままだとすれば，
「採用担当者は何をしているのだ」と，他の現場社員からも不満が
生まれるのです。

3　アルバイトにも労働意欲を持たせる

　最も大切なことは，アルバイト人材がその企業で「頑張って働こう」と意思決定をしてくれることです。採用したアルバイト人材が，頑張って企業で働こうとするための労働意欲を持ってくれることが，企業にとって重要です。

　なぜならアルバイト人材が進んで働こうと意思決定すれば，企業の目的達成のために，自発的・積極的に協力をしようと意思決定してくれるからです。

　しかし，アルバイト人材が自ら働こうと意思決定してくれなければ，上司などからの指示がない限り自ら行動しないでしょう。アルバイト人材が積極的に仕事をするのか，それとも指示がなければ仕事をしないのかの違いで，労働意欲に差異が生じ，そのことが企業に大きな損害を与えます。

　企業にとっては，アルバイト人材の積極的な協力を得ることが重要です。各個人の意思決定が企業組織の目的達成のためには協力が不可欠です。

　アルバイト人材が少しでも，賃金以外に企業のために働こうとする労働意欲を持てば，企業の目的達成に大きな力となります。なお

アルバイトの意欲については，第20章で詳しく触れています。

4　アルバイトにもハラスメントは言語道断!!

　　今までは雇い主の目線で見てきました。しかしアルバイトが職場で働くための環境からも考えることが大切です。

　　セクハラ（セクシャルハラスメント）やパワハラ（パワーハラスメント）など，ハラスメントは言語道断です。昔に比べて，最近の職場ではセクハラやパワハラが事件となる件数は減ってきてはいます。しかし残念ながらパワハラやセクハラで悩んでいるアルバイトは存在します。次の文章はセクハラの事例です。

セクハラの事例

　　社会に出たら色々な人がいます。あなたを褒め称える人，嘲げ笑う人，罵る人など沢山います。これはAさんが経験したことです。当時Aさんは会社に入って数か月。まだ会社には馴染めておらず，先輩の連絡先も交換できていませんでした。

　　ある日の休憩時間，直属の上司である係長と趣味の話で盛り上がりました。ふと「そういえばまだ連絡先を知らなかったから教えて」と言われ，Aさんは同期以外とはじめて連絡先を交換しました。そのあとすぐに係長から「よろしくね」と連絡が来ました。律儀だなぁと思い，返信したのでした。

　　この後，頻繁に連絡が来るようになりました。Aさんは違和感を覚えながら，色々話をしてくる上司を無視することはできず，「そうですね」など生返事をしていました。話を続けると，「いい子だね，かわいいね」と言われ，趣味の話になると，「Aちゃんとカフェへ行ったらデートだね」と言ってきたようです。さらに彼氏はいるのかと問われ，「いる」と答えたら，今度は「その人と別れたら」ということまで言ってくるようになっ

たのです。そしてAさんは次のように思うようになりました。

　『もう係長の顔を見るだけでも気持ち悪さしか感じない。そして辛かっ
　た。でもさらに上の上司（部長）となると忙しくてAさんの話を一対一
　で相談する機会がない。ならば先に先輩に相談すべきかと考えたけれど，
　もしそのことが係長に知られてしまったらと思うと躊躇った。その後も
　「おはよう」「おやすみ」と連絡が続く…。もう会社に行きたくない…。』

　最終的にAさんは耐え切れず，友人と彼氏に相談しました。誰が見ても
セクハラでした。Aさんの会社には相談窓口がありました。Aさんは定時
に退社してそこに連絡をしました。すると「それは気持ち悪いね」と言わ
れ，胸の中のモヤモヤしたものが少し取れた気がしたそうです。
　その日のうちに係長は，係長より上の上司（部長）より注意され，連絡
先を消すよう指示されたようでした。そして緊急異動が命じられましたが，
本人はそのまま異動せず退職しました。

　何かあったら，まず周りの人に相談することです。またこの事例
のように上司の場合なら，勤務先の相談窓口や人事部に相談するの
も一つです。それ以外に，外部にも無料で相談を受け付けている場
所があります。あなたはきっと悪くありません。嫌だと思ったら主
張してみてください。

5　就活セクハラの事件は許せない!!

　またアルバイトだけでなく，就職活動を行っている学生にも就活
ハラスメントが起こっています。例えば，企業の人事担当者が，学
生に対して，以下の質問をしてくることもあります。

> 人事：あなたは，「何でショートなの」かなぁ？
>
> 人事：あなたには「彼氏いるの」かなぁ？

　上記の質問に対して，就職活動をしている学生は傷つき葛藤しています。このような事例が発生するので，企業の採用面接やインターンシップで「就活セクハラ」に悩む学生が少なくないようです。本人の能力とは全く関係ない外見を否定されたり，交際相手について聞かれたりしている状況は現在も存在しています。さらにとんでもない人事担当者は，アプリを悪用しAさんのような誘いをしてくることもあります。

　就職活動において，人事担当者は学生の立場が弱いことを利用してきます。最近では遠隔ツールを活用することが進み，社員と一対一で会えるマッチングアプリが普及したことも背景にあります。このような状況を背景に，いろいろな事件が起こっているのです。

　もしあなたがこのような事件にあったのであれば，すぐに大学のキャリアセンターなどに相談しましょう。「就職活動だからこのような就活セクハラが起こっても仕方ない」とは決して思わないことです。そして「キャリアセンターなどに相談すれば，就職できなくなる」なんて思わないでください。

　キャリアセンターなどは，必ずあなたをサポートしてくれます。それに"就活セクハラをする人がいる企業"に就職しても決していいことはないと思ってください。世の中には"就活セクハラをしない人がいる企業"の方がたくさん

あります。気持ちを入れ替えて，就職活動を行ってください。

Q. あなたが人を雇う側になった場合，どんなことを心掛けたいと思いますか？

\---

\---

\---

\---

\---

Q. あなたがハラスメントと感じる担当者と会った場合，どんなことを心掛けたいと思いますか？

\---

\---

\---

\---

「過去の実験結果をもとに考えたのはわかりやすかったなぁ。自分がどんな職場で働きたいのかを具体的に考えることも大切だし，企業が何を求めているのかを考えることも大事だな。自分だったらどんな人材がほしいのか，企業の気持ちになって考えるのも良いかもしれないな。」

　いかがでしたか？　皆さんのアルバイト先の人間関係はどうですか？　教科書の内容を自分に置き換えて考えると理解しやすいと思います。また就職活動をするときは，ぜひ企業の雰囲気や社員の人に企業での過ごし方などを質問してみるのも良いかもしれませんね。
　長かった内容も第Ⅴ部が最後です。第Ⅴ部ではアルバイトを通じて自分の将来をどうしたいかを考えてみましょう。アルバイトから学んだことはたくさんあると思います。学んだことを軸にどんな将来を歩むのか考えてみましょう。

アルバイトを通して描く自分の姿

第V部　はじめに

　みなさんには将来の夢がありますか？　「私の将来の夢は○○です」と言える
人はそれを叶えるために，学生時代にどのような準備をしておけば良いでしょ
うか。将来の夢がまだ決まっていない人はアルバイトをしながら，自分の向き
不向きと向き合ってみるという方法もありますね。さてケイスケ君はというと
…

　「コンビニのアルバイトをしてみて，機会損失や在庫損失を考えながら，商品
を仕入れたり売ったりしないといけないなどいろいろな事を学んだな～。仕
事をしていて様々なお客様がいることがわかった。これまでのアルバイト経
験からお客様に「ありがとう」って直接言ってもらえるのは嬉しいな。もう
すぐ就職活動が始まるけど，まだどんな仕事がしたいとか決められてない…。
人に「ありがとう」って言ってもらえる仕事がしたいなぁ。でも何がしたい
かわかんないや…。」

　ケイスケ君はまだ自分の将来の夢が定まっていないようです。しかし「あり
がとう」と直接言ってもらいたいなど，手がかりは少しあるようです。このよ
うなちょっとした出来事・印象・思い出などアルバイトで経験したことが，将
来自分が何をしたいのかと結びつくカギになるかもしれません。
　学生に教える立場から見ていると「自分はこの仕事がしたい！」という人は
稀です。実際多くの人は，ケイスケ君のように「自分が何をしたいのか」がわ
からず，悩んでいます。そこで，自分の将来をどう過ごしたいのか，どんな仕
事がしたいのか，ということの手がかりを考えていきましょう。

第16章

自分の学生生活をどのように
過ごすか？

イントロダクション

　　社会人には自分の持っている能力（スキル）を発揮することが求められます。そのためには学習（論理的に学ぶ）とアルバイト（実践的に学ぶ）の２つを通して自分の能力を高めることが必要です。

　　例えば，コンピュータやスマホのアプリを見てください。常に使いやすいように，アップグレードがされていると思います。つまり皆さんにも働きながら自分の持っている力を常にアップグレードさせる必要があるのです。

　　だから学生時代は，高校や大学などの教育機関で論理的な部分を学び，アルバイトを通して実践的に学ぶ期間としてください。そしてぜひ目的をもってアルバイトに取り組みましょう。そのときに学んだことは，社会人になってもきっと役立ちますよ。

　　では具体的に高校・大学などの教育機関でどんなことを学べばよいのでしょうか？　まずはそこからみていきましょう。

1　高校・大学などの教育機関で何を学べばよいのか？

　高校では様々な教科や科目の授業があり，ある程度時間割が決まっています。なぜなら多くの基礎的・基本的な知識を蓄える<ruby>蓄<rt>たくわ</rt></ruby>えることが求められるからです。その中で「自分自身の興味・関心のもてる教科・科目や専門分野が何なのか」を自覚できるようにしていくことが必要です。

　大学では自分で受ける科目（講義）を選択し，ある程度自由に時間割を決められます。また大学の授業だけでなく，アルバイトやボランティアなど，実際に行動したことから得た知識を活用することも大切です。なぜなら大学では高校以上にこれまで蓄えた知識を使って，自分なりに考え，それを様々な場面で活用していくことが求められるからです。また様々な地域から通う学生も多いことから，新たな物事や人に出会い，自身の視野が広がる可能性があるのも大学の良いところです。

　大学受験や就職活動は大切です。そのため「○○を学ばなければならない」と思いがちです。しかし高校や大学で「こんな勉強をしたほうが良い」という正解はありません。だからこそ「自分自身の興味・関心のもてる教科・科目や専門分野が何なのか」を自覚し，そのことを学ぶことが大切なのです。

2　学生時代に意識してほしいこと

　前節で『「こんな勉強をしたほうが良い」ということに正解がない』と説明しました。しかし社会人になっても勉強し続けることはなかなか大変です。そこで学生時代のうちから次の4つを意識しておくとよいでしょう。

① 　メモを取る習慣をつけること

② 　自分で計画を立てる癖をつけること

③ 　些細なことにも疑問を持ち，自分なりの解決方法を見つけること

④ 　一緒に高め合える友人を作ること

それぞれをもう少し詳しく説明したいと思います。

① メモを取る習慣をつけること

今までいろいろなところで言われたことがあるかもしれません。先生などの話をぜひメモするようにしましょう。これには理由があります。特に大学の場合，高校と違って，大学のテストやレポートには決まった答えがあるとは限りません。

そのためどのように書いたり，解答したりすれば良いのか戸惑うこともあると思います。そこで「自分がここは大切でないか」「この人は何度もこの話をしているな」と思ったら，その部分のメモを取るようにしてください。働くようになると電話のメモを取る機会が増えます。電話ではメモを取らないと重要な話を聞きそびれたり忘れてしまったりします。だから今のうちからメモを取ることに慣れておいてください。

② 自分で計画を立てる癖（くせ）をつけること

　　高校・大学では課題をこなしたりレポートを作成したりすること
が必要です。特に大学は勉学ばかりでなく，様々なことができる場
所です。課題やレポートをするときに自分がどれだけ時間をかけて
いるか把握（はあく）しておくと空いた時間をいろいろなことに使えます。空
いた時間にアルバイトをするのでもよいし，友人と遊ぶのも良いで
しょう。また色んなイベントとか，自分がやらないようなことにも
挑戦してみるのも良いでしょう。

この日は授業が
4限まであるから
バイトは18時からに
しておこう

　　このことは働くようになっても応用できることで，仕事の段取り
を決めるときに役立ちます。ぜひ自分で計画を立てる癖をつけてく
ださい。

③ 些細（ささい）なことにも疑問を持ち，自分なりの解決方法を見つけること

　　何かを学ぶとき，「なにか変だな」「どうしてそうなるのかな」と
思うことが大切です。そしてその答えを見つけることが大切です。
　　これは働くときにも非常に役立ちます。例えば，お客さんに説明
するときに「この説明内容でわかってもらえるだろうか」「本当に
この伝え方で大丈夫だろうか」という心構え（こころがま）でいれば，ちょっとし

た疑問を感じたときに「このように修正してみよう」という気づきにつながります。このことはお客さんの満足度を上げることができ，会社の売り上げアップ，さらには自身の給料アップにつながります。

　自ら疑問を持ち，調べて解決したことは中々忘れません。逆に「テストがあるから」など無理して覚えたことの多くは忘れてしまいます。時間が掛かっても良いので自分なりの解決方法を見つけてみてください。

④　一緒に高め合える友人を作ること

　学生生活で友人は大きな存在です。次の文章はある卒業生が友人（高橋さん）に関して書いた文章です。少し見てみましょう。

> わたしは正直面倒くさがり屋だと思う。勉強は「単位を落とさなければいいや」と思うような人だった。でも大学に入ってすぐに出会った高橋さんは，すべて100点を目指しているような子だった。
> わたしの所属した大学には成績優秀者には授業料が安くなる制度（学費減免制度）があった。高橋さんはその制度の対象者になろうと努力していた。

それを見てわたしもその対象者になろうと頑張ることにした。分からないことがあったら2人で考え，テストも高橋さんが頑張っているからと頑張れた。就職活動もわたしは用意するのが遅い方だった。高橋さんはインターンシップで何社も行っており，わたしも焦り1社だけ行ってみたりした。高橋さんがいなければわたしは就職できていたのかもわからない。

　　一緒に高め合える友人関係を築くのはとても難しいことです。しかしそのような関係の友人関係を築ければ，良い刺激や前向きな気持ちを得られ，大学生活を充実したものにできるでしょう。

第17章

アルバイトを経験することの大切さ

イントロダクション

　　前章で「学生時代は，高校や大学などの教育機関で論理的な部分を学び，アルバイトを通して実践的に学ぶ期間としてください」ということを説明しました。皆さんは社会人として働く前に知っておいた方が良いことがあることは理解していると思いますが，できればそれは知識として頭で分かっているよりは，実際に経験するに越したことはありません。

　　この章では，なぜアルバイトを通して働くことについて，実践的に学ぶ期間が必要なのかを説明したいと思います。なぜなら学生時代やこの本を通して学んだことを実感でき，自分の向き不向き，好き嫌いがわかったり，また理想と現実のギャップに気づいたりできるからです。

1　リアリティショック

　　リアリティショックとは，理想と現実のギャップに衝撃を受けることを言います。新たに職に就いた人が事前に思い描いていた仕事内容や職場の環境に抱いていたイメージと，実際に経験したこととの違いに不安や衝撃を受けることで，場合によっては早期離職の原因になりかねません。

　　例えば，皆さんも今までに理想を描いて選んだこと（学校や部活など）が，現実はまるで違っていてショックを受けたことはありませんか。敢えてアルバイトでそれを経験するのは少し辛いことかも

しれませんが，社会人として正社員で働くようになってから同様の
ことを初めて経験するのは，より辛いでしょう。

　働いた経験がないことで，この程度なら我慢すべきことだと思い
込んで，心身のキャパシティをオーバーしているのに働き続けて体
を壊したり，逆にこんなはずではなかったと簡単に諦めて職場の良
い部分を見ずに退職を決意したりしてはもったいないことです。

　実際に経験してみることによって，実は自分にこんな能力があっ
たのか…ということや，これをやっているときの自分が好きかもと
いうことに気づくこともできます。

2　課題発見

　同じ経験をするのであれば，自分にとって良い経験にした方がお
得感がありますね。第12章・第13章で書かれているような意欲を持
つことやフロー状態に自分を持っていくことにも関係しますが，言
われたことだけやる，言われたことしかやらないのでは自分でも仕
事の面での成長が感じられません。

　同じ時間をアルバイトに使うのであれば，自分の成長のために，
気づいたことをやってみる，思いついたアイディアを試してみては
いかがでしょうか？

　気づく，つまり課題を見つけるには，常に問題意識を持って仕事

に取り組まなければなりません。例えば，アルバイト先の先輩から教わったやり方でも，もっと効率的にできないかとか，接客のアルバイトであれば，来店者数を増やすことや顧客満足度を上げるために自分にもできることがないかとかといった形で，周囲に目を配ることも重要です。同じ仕事をしているようでも，自分とちょっとでも違ったやり方をしている人がいたら，なぜだろうと疑問を持つことによって，より良いやり方が見えてくるかもしれません。

3　課題解決

気になることや改善した方が良いと思ったことを見つけたら，次にその解決方法を考えます。

自分一人で考えることが難しければ，仲間にも声を掛けてみましょう。実は同様に考えていたから一緒に解決してみようとか，前のアルバイト先で同様の課題を解決した方法を知っているといった仲間が見つかるかもしれません。グッと心強くなりますね。

さて，解決策が見つかったら，すぐに実行…するのではなく，自分が気になった課題や問題と，その上で考えた解決策を上司や先輩に相談してみましょう。いくら良い方法だからといって，今までのやり方やルールを変えるか否かは，あなたが決めることではありません。まずは経験ある上司や先輩に相談しましょう。

　万一，そのアイディアが採用されなかったとしても，課題を発見したこと，その課題を解決するために仲間を巻き込み，知恵を絞ったことは，間違いなく社会人になってから組織の中で活かしていくことができます。

4　計画された偶然性

　変化の激しい現代において，目指しているものとは異なったキャリアになるケースも少なくありません。

　そこで，スタンフォード大学のジョン. D. クランボルツ教授は「キャリアは偶然のできごと，予期せぬ出来事に対し，最善を尽くし対応することを積み重ねることで形成される」Planned Happenstanceというキャリア論を唱えました。

　これは，キャリアは自分の描いた計画通りに進めるには限界があり，偶然の出来事によって形成されるからこそ，自ら偶然の出来事を引き寄せるように働きかけ，積極的にキャリア形成の機会を創り出すことが重要であることを述べています。

　例えば，2019年からの新型コロナウイルス感染症が世界的大流行（パンデミック）となり，移動に制限がかかったことで航空業界は大打撃を受け，多くの航空会社が新たな採用を控えました。

　幼い頃から航空業界で働くことを夢見て目指してきた人たちにとっては，ここで思い描いていたキャリアが途絶えたことになります。しかし，それまでに経験してきたアルバイトなどによって，自分の興味や適性を他に見出せて違う仕事に就けたとしたら，それは当初の目標とは異なってはいるけれど，偶然の出来事を意図的にキャリア形成に活かしたと言えます。

　つまり，アルバイトに挑戦することも偶然の出来事を引き寄せるきっかけになるかもしれません。計画通り，思い通りにいかないと

しても，まずは挑戦してみようというスタンスが次へのステップに繋がることがあります。偶然の出来事を積極的に増やすように行動することで，選択肢が広がり，可能性が高まるのです。

Q. あなたは今までに理想と現実のギャップに出会ったことはありますか？

第18章

自分の２年後を "映像化" する

イントロダクション

　　前章までアルバイトという目線を通して，仕事の内容や必要な能力（スキル），学生時代の勉強や実践の必要性について見てきました。この本を読んでいる皆さんの中に，「自分は将来のために，この仕事（アルバイト）に携わってみたい」という方がいれば，非常に素晴らしいことです。ただし実際はそういう方ばかりではないでしょう。なぜなら，普段学生と接していても「将来何をやったらよいかわかりません」，「どんな仕事が自分に合っているのかわかりません」と言われることは多いです。そこでこの章では自分の将来について考えてみましょう。

1　目標型と展開型

　　キャリア関係の本を読むと，人は目標型と展開型の２つのタイプに分類されています。

　　まず**目標型**とは，実現したい目的に対して具体的な幾つかの目標を掲げて，それら一つひとつを達成させていくタイプの人を指します。

　　例えば，Ａさんが「プロサッカーのゴールキーパーになりたい」という目的が決まっているケースを考えます。その場合，Ａさんはプロ選手になるためにどんな実績を積めばよいのか，そのためにゴールキーパーとしてどんな練習をすればよいのか，など具体的な

目標を設定し，それらを達成していき，最終的にプロサッカー選手になることを目指します。

　一方**展開型**では，まず何かをやってみて，そこから生まれる結果や人間関係等によってその後の目標が定まっていくタイプの人を指します。

　例えば次のようなＢさんのケースを見てみましょう。Ｂさんは普段コンビニでアルバイトをしていましたが，あるとき地域の夏祭りの手伝いをしました。その夏祭りの実行委員長がＢさんを気に入り，Ｂさんはその後もたびたびイベントに呼ばれるようになり，いつの間にかイベントの開催に興味を持つようになりました。そこで委員長と相談して，市職員を目指すことにしました。

　このタイプは「何かこれをしたい」というはっきりとした目的があるわけではありませんが，現在関心や興味があることに一生懸命に取り組むことで今後が展開していきます。

　人はどちらのタイプであるとはっきり分類できるわけではありませんが，「（人生などの）目的が見つからない」という人は展開型のタイプなのかもしれません。もしくは「何となくやりたいことがあるのだが，うまく形にならない」ということなのかもしれません。そのような人は次のように考えてみましょう。

2　自分の未来を映像化する

　自分の未来は基本的に自分が描くものです。確かに，状況によって，自分の本意ではないこともしなければならないときがあります。それでも多くの場合，自分で決めた道を目指すことができます。しかし自分で決めた道を目指すことは想像以上に大変です。なぜなら夢や理想を達成するために必要な条件を満たす必要があるからです。

　ここでいう条件とは，スキルやタイミングです。例えば，「公立小学校の先生になりたい」と思っても，教員免許をとり，教員採用

試験に合格しなければなれません。

　またプロサッカー選手がサッカーの日本代表に選ばれたいと思っても，監督の戦術やライバルが存在するために，選ばれないこともあります。

　夢や理想を達成するためには，普段から「なりたい自分を実現するための条件作り」をすることが大切です。そこで『自分自身の「2年後の未来像」を映像化する』ことを提案したいと思います。映像化と言っても何かビデオ映像を作ることではなく，自分の頭の中に2年後のある月曜日の朝を具体的にイメージすることです。

　なぜ2年後かというと，実現させるためにはある程度の時間が必要だと思うからです。p.166で説明した目標型の人にとっては5年後の映像でも構いません。ただしあまり先では具体的に映像化しにくいかもしれません。

　逆に展開型の人には1年後でも構いませんが，自分がスキルを身に付けるためにはあまり短くても，実現が難しいかもしれません。あくまで2年後は目安なので，自分に合わせて年数を決めてください。

3　映像化の具体的な手法

　ここからは『自分自身の「2年後の未来像」を映像化する』につ

いて考えていきましょう。まず映像化をするためにどのように取り組んだらよいのでしょうか？ われわれは次の５つのポイントがあると考えています。

---

① そのとき，自分はどうありたいか？

② そのとき，周囲の人々とどうかかわっていたいか？

③ そのとき，自分は仕事（勉強）とどのようにかかわっているのか？

④ そのとき，自分たちはどのように働いているのか（勉強しているのか）？

⑤ ①から④で感じた思いをできるだけ飾らず，素直に書く。

ここからは具体的に作業をやってみましょう。以降の(i), (ii), (iii)に従って進めてください。なおできれば月曜日を想定してください。なぜなら仕事や大学生活を想定した場合，基本的に１週間の始まりは月曜日であり，前日とは切り離して考えやすいからです。２年後の月曜日を午前・午後と２つに分け，午前中の状況を考えていきましょう。

(i) ２年後の○月×日月曜日の朝，起きたときの周りの状況を考えてみましょう。

例えば，朝起きたときの天気はどうなのか？ 周りには何があるのか？ 朝食は和食なのか洋食なのか？ どんなテレビを見ているのか？ 窓の外は何が見えるのか？ 等を枠の中に箇条書き(かじょうが)で書いてみましょう。

Q. 2年後の○月×日月曜日の朝, 起きたときの周りの状況を書いてみましょう。

(ⅱ)　2年後の月曜日の午前中, どんな生活を送っているか考えてみましょう。

　　　この部分も箇条書きで構いません。なお書く際に3つのポイントがあります。まず1つ目に, 架空であっても**具体的な固有名詞を使うこと**です。例えば, 「Aさんと会う」ではなく, 「佐藤さんと会う」と設定することです。2つ目に, **実現可能であれば, 想定は大きければ大きいほど良い**ということです。自分が小さく将来を描いてしまえば, そこに収まってしまう可能性があります。だから2年後の将来は大きければ大きいほど良いのです。3つ目に, 自分にとって**「何から何まですべて上手くいっている」**状態を想定することです。なぜなら今の自分では実現が難しいと思われることであっても, 2年後はどうなっているかわからないからです。そのため上手くいっている未来を考えることが大切です。

Q. 2年後の○月×日月曜日の午前中の状況を書いてみましょう。

(iii)　午前中の状況を文章でまとめてみよう

　最後に，(i)と(ii)を参考に午前中の状況を文章にまとめてみましょう。

Q. ２年後の○月×日月曜日の午前中の状況を文章にまとめてみましょう。

　今日は20XY年○月×日月曜日。私は

　同様に午後の状況も書いてみてください。書き終わったら，①から⑤の内容が具体的に書かれているかチェックしてみてください。

Q. 2年後の○月×日月曜日の午後の状況を書いてみましょう。

第19章

自分の2年後の映像を確認する

イントロダクション

　　この章では，第18章の作業を経てどのような映像をイメージすれば
よいか考えてみましょう。まず2人が書いた文章を確認することから
始めましょう。

1　「2年後の映像」を確認してみよう

　　　次に例として，①田中君，②佐藤さんの2人の文章が書かれてい
ます。①は美容や健康関係の商品を扱っているメーカーで営業職と
して働いている，②はある事務所で事務職として働いている，と想
定し，4月から働き始めて3か月目の月曜日のある1日を描いた予
想図です。少し長いですが，それぞれを見ていきましょう。

---

①　「20XY年○月×日（月）」の自分（家電系の営業職に就いている想定）

　20XY年○月×日，6時10分頃に目を覚ます。連日ゴルフ，ランニング
と体を動かしていたせいか，6時にセットした目覚ましに気づかず，寝坊
してしまう。焦りながら洗顔，歯磨きを行い，朝食をとる。この日の朝食
はパンで，3分で食べ終え，2度目の歯磨きをする。歯磨きには自社で扱っ
ている電動歯ブラシを使っている。その歯ブラシを使いながら，「今日は
展示台の入れ換えの日だ」と1日の仕事内容を考え始める。残りの準備を
整え，最寄り駅まで急ぐ。駅のホームに着き，いつもの場所に並び，いつ
もの電車に乗り込むことができた。

　最寄り駅へと到着すると他部署の鈴木部長と鉢合わせ。「面倒くさい
なぁ，なんでこの人もこの時間なんだよ」と心で思いつつ，面識があるの
で挨拶し，会社へ向かう。出社後，1日の業務を確認する。ちなみに私は
26店舗の営業を担当しており，1週間で15店舗を周るように心掛けている。
今日はドライヤーの展示台の入れ替え，新商品の歯ブラシの展示スペース
の確認が主な仕事だ。9時30分発を目標に，店舗に持っていくものを用意
する。そして営業で利用するタウンエースが止まっている駐車場まで歩き，
移動を開始する。

　　　　　　　　　　　　1店舗目の駐車場に着くと時刻は10
時30分。新商品の歯ブラシのサンプル，
ドライヤーの展示台などを台車に乗せ
ながら店舗へ向かう。どの店舗でも，
基本的に警備員のチェックが入る。「お
疲れ様です。田中です。本日は巡回に
来ました」と言いながら入館証を頂く。
入館後，店長の渡辺さんに新商品の歯ブラシのサンプルを渡し，ドライ
ヤー展示台の入れ替えの了承を得たのち，作業を行う。同時に理美容，健
康コーナーを巡回しつつ，足りない販促物，足りないサンプルがないか確
認する。この日は販促物が足りなかったため，帰社した後準備できるよう
にメモをする。時計を見ると12時15分だったので，このタイミングで昼食
を取るため，コンビニへ向かう。今日はツナマヨのおにぎり3つ，2ℓの
お水を購入し，車の中で食べ，次の店舗へ向かう。

　2店舗目でも入館証をもらう。パッと見ると今日は苦手な警備員の高田
さんがいる。たとえ忘れ物で戻っただけでもボディーチェックを行うので，
正直面倒くさい。高田さんを無事通過し1店舗目と同様の作業を繰り返す。
その作業が終わり，そろそろ3店舗目へ行こうと思ったところで，話の長
い安西店長につかまってしまう。諦めつつ話に付き合うが，解放されたの

が15時30分。急ぎ３店舗目へ向かう。３店舗目は何事もなく，17時20分位に店舗を出ることができた。

帰社したのは18時15分。その後自席に戻り，営業に出ていた時間に来ているメールに目を通し，日報を作成する。19時30分に会社を後にする。自宅に帰宅するとすぐにお風呂に入り，夕食を食べる。その後は動画サイトを閲覧しながら，今日履いた靴を磨く。早く週末にならないかなと考えつつ，23時40分頃に就寝する。

②　「20XY年○月×日（月）」の自分（事務職に就いている想定）

　20XY年○月×日７時00分，３回目のアラームでようやくベッドから起き上がる。寝ぼけた状態で朝ごはんのトーストと乳酸菌飲料をとる。家を出る20分前に，少し焦りながら洗面台で顔を洗い，髪の毛を整え，歯を磨く。化粧をすませ，「いってきます」と言って家を出て，車に乗り込む。朝はのどが乾燥しているので，車内でのど飴をなめながら運転する。これが仕事に向かうときの私の切り替えスイッチだ。

　事務所に到着。車内で鏡を見て身なりを確認し，事務所へ向かう。「おはようございます！」とあいさつすると「おはよう」と声が返ってくる。まだ川村部長しか来ていないようだ。ロッカーにカバンを置き，必要なものだけを小さいトートバッグに入れて自分の机へ。パソコンを起動させていると菊池先輩をはじめ他の社員も出社してくる。

　９時に始業チャイムが鳴り，仕事を始める。初めに社員全員の予定が管理されているスケジュールアプリを開き，お客様情報などがわかるアプリも開く。わたしは会社の代表メールを管理しているので，そのメールを開

き，昨日の終業後からのメールを全て確認する。メールによっては作業後の報告書が届いている場合があるので，お客さんごとに区別して保存する。

　10時までにメールを一通り確認したので，本日の作業内容を見る。まず届いている作業完了メールに従い，作業表の項目を"作業中"から"完了"へと記載変更する。その後，お客さんへの料金請求と業者さんへの納入手続きを，各担当者へ依頼する。その作業をしていると12時になり，お昼をとる。

　お昼は，前日に作ったお弁当を電子レンジで温めて，会議室で菊池先輩達と食べる。20分くらいで食べ終わり，残り時間を先輩達と話しながら過ごす。13時になると自分の机へ戻り，続きの作業を行う。

　毎日15時になると郵送物をもって郵便局へ向かう。今日は郵送物が多く，封筒が150通ある。料金後納郵便のため，あらかじめ重さを計量，数を数えて後納郵便用の紙に金額を記載しておく。折りたたみキャリーカートに可能な限り詰め込み，残りは大きめのトートバッグに詰める。郵便局に到着し，顔なじみの郵便局員に郵送物を渡し，15分程座って待つ。「問題ありません」との一言にホッとする。

　事務所に戻り，作業を再開する。特に17時頃は電話がよく鳴るので気合いを入れ直す。18時終業。「お先に失礼します」と言って荷物を持って事務所を出る。車に乗り込み，小さく一息ついた後，早速音楽を聴く。

　18時30分に帰宅してすぐにお風呂に入る。ゆっくり湯船につかって疲れをとってから晩ご飯を食べる。明日のお弁当を作り，洗濯物を干して部屋に行くと21時になっていた。その後は動画を見たり本を読んだりして23時頃には疲れて眠りについた。

2　自分に「問いかける」

　　①，②の文章を読んでどのように感じたでしょうか。①，②とも
に予想される出来事がかなり具体的に書かれています。また朝起き
たときから時系列的に表現されているので1日の流れが非常に分か
り易いと言えます。ここは非常に評価できる点です。

　　しかしどこか事実が淡々と書かれているだけで，なんだか活動報
告書や他人の日記を読んでいるような気になりませんか。なぜなら
事柄が詳細に表現されている反面，その時に感じた気持ちがあまり
入っていないからです。

　　「2年後の映像」を考えるうえで重要な点は，**出来事（事柄）が
起こったときに，自分はどう感じ，どう思ったか？　を自分に「問
いかける」こと**です。なぜならこの「問いかける」作業こそ，「自
分が何をしたいか」に結びつく第一歩だからです。おそらく皆さん
に「将来何がしたいですか」と質問しても，「すぐに答えられない」，
「考えたことがないからわからない」と答える人もいると思います。

　　しかし「2年後の自分の映像」という適切な時期を想定してみる
と，おぼろげながら「こんな風になっているだろうな」と思い浮か

べられる映像があると思います。それをできるだけはっきりと映像化するのが，この作業です。その際，なるべく「何から何まですべて上手くいっている」状態を想定することもポイントです。

　なぜなら2年後の姿にわくわく感を感じることが，その姿になってやろうとするモチベーションにつながるからです。この作業は私のゼミナールに所属する学生にもやってもらっていました。全員何となく映像を浮かべることができており，中にはその映像がはっきりすればするほど，「そのような2年後を迎えてみたい」と感じる学生が出てきました。つまり将来どんな経験をしているかを，わくわくしながら妄想することが大切なのです。

　最後に，田中君と佐藤さんのそれぞれの文章の良い点と改善点を表にまとめています。皆さんが作成するときの参考にしてみてください。

田中君の内容の良い点と改善点

評価できる部分	➢寝坊してしまうところから始まるのは日常的で良い。また２度目の歯磨きには驚かされた。逆に臨場感がある。 ➢初めに「今日は展示台の入れ換えの日」だということを表現し，今日は何の日か？　を分かり易くしている。 ➢「ツナマヨのおにぎり３つ，２ℓのお水を購入し，車の中で食べ」がリアルで良い。 ➢店長の渡辺さん，警備員の高田さん，話の長い安西店長等，登場人物が固有名詞で表現されている。 ➢話の長い安西店長につかまってしまい……解放されたという表現は気持ちが素直に表現されている。
改善できる部分	➢「駅のホームに着き，いつもの場所に並び，いつもの電車に乗り込む」→この時にどんなことを感じているのか？　例えば「以前の失敗した経験を二度と起こさないように気合を入れ直し，「よしっ」と声を上げてしまい，女子高生に笑われ，恥ずかしくなってしまった」 ➢「１店舗目，店長の渡辺さんに新商品の……の入れ替えの了承を得たのち」→その際に渡辺さんはどんな表情でそんな言葉を投げかけてきたのか？　そんな渡辺さんに何と返し，どんな気持ちを持ったのか？　例えば「渡辺さんが笑顔でご苦労様って言ってくれた。この笑顔が何よりのご褒美で，営業をやっていて本当に良かったと感じる瞬間だ」 ➢「今日履いた靴を磨く」→この時にどんなことを感じている？　例えば，「今日の仕事は展示台の入れ換えの日であったが，私の仕事は足らないものの補充という単純作業ではなく，陳列の仕方やディスプレイの工夫で売上に変化がある。その地道な努力が，会社への貢献につながるのは当然だが，自分が大好きな商品をより多くの方に届けられるのが何よりもうれしい。メーカーは良いものを作るのが目的ではなく，お客様により多く購入し使っていただくのが使命であると考えている。だから，最前線で働ける営業の喜びを感じ，充実感を味わっていた」

佐藤さんの内容の良い点と改善点

評価できる部分	➢「3回目のアラーム…」と「少し焦りながら…」という表現のつながりが朝のいつもの状況を上手く連想させている。 ➢「車内で身なりを確認」に出社前の意気込み（スイッチの切り替え）を感じる。 ➢「まだ，川村部長しか来ていないようだ」で，新人らしさが出ていて好感が持てる。 ➢時間の経過とともに業務内容を上手く表現できている。また，業務を段取り良くこなしているのが伝わってきて成長を感じる。 ➢15分程座って待つ。「問題ありません」との一言にホッとする。という表現から臨場感と責任感も伝わってきた。
改善できる部分	➢「お客さんへの料金請求と業者さんへの納入手続きを，各担当者へ依頼する」→各担当者とあるが，どんな担当者がいるの？　例えば，「中辻さんは，常に忙しくしている方なので，要点をまとめて簡潔に伝えた。内田さんは，少し自信なげな方なので，『今日も頑張ってください』の一言をつけると，いつも『ありがとう』と穏やかに返してくれる。最近は担当者の性格に合わせた対応ができるようになり，少しは自信がついてきた。それが，やりがいにつながっている。 ➢「会議室で菊池先輩と食べる」→菊池先輩に対してどんな感情を持っているの？　例えば「おしゃべりなところがあるけど，先輩からも後輩からも慕われている。常に周りを明るくする雰囲気を持っている。そんな先輩の存在がとてもありがたい。私も周りを安心させるような存在になりたい」 ➢「ゆっくり湯船につかって疲れをとって」→この時の素直な気持ちは？　今の生活に対する感想は？　例えば「仕事には慣れてきた。ただ，従業員の方たちに更にお役に立てる仕事をしていきたい。そのためには，もっと多くの方とのコミュニケーションを自ら進んで取りに行かなければならない。とにかく，明日からでもやれることをやっていこうと決意した」

3　他人がイメージできる映像を

　前節では「２年後の映像」はできるだけ詳細に描き，そしてその時に感じた気持ちを飾らず素直に表現してほしいと説明しました。その上でさらに付け加えるならば**他人が「その様子をイメージできる」こと**が大切です。

　なぜ他人が大切かというと，自分のやりたいことを実現するためには，他人の理解や協力が不可欠だからです。実際，自分の周囲には「自分のやりたいことを実現する」ための "壁" が幾つもあります。ここでは２つの壁を説明します。

　１つ目として考えられる壁は「他人に理解してもらえないのではないか」という心理的な壁です。「自分の将来を馬鹿にされるのではないか」という不安を持つのは当然です。私もゼミナールの課題として『「２年後の自分の映像」を語ってください』と言ったとき，そのような反応が幾つもありました。その際，「他人はあなたの将来にそれほど興味や関心を持たないから，誰も馬鹿になんかしないよ」と言って全員に発表させました。事実，誰も馬鹿にすることもなかったし，むしろお互いのやりたいことを聞いたことで，お互いを理解するきっかけにもなりました。また具体的に説明していた学生の発表を参考にして，自分の将来をゼミ生同士で積極的に相談をしている様子が見られるようになりました。

　２つ目に考えられるのが，やりたいことを実現するための時間やお金という壁です。「資格を取るために専門学校へ行く」，「資金を稼ぐためにアルバイトをする」など，普段やっていること以外にもやらなければならないことが出てくると思います。例えば，合格率の低い国家資格を取得しようとする場合，専門学校や担当する先生によって合格率が異なる場合があります。そうなると資格取得にか

かる時間やお金が違います。またその国家資格を取得した後，合格
した同士での集まりや勉強会があるかどうかで，その後の展開が大
きく異なる場合があります。

　このようなことは自力で調べることが非常に大変で，資格を持つ
人など周りに相談することが必要です。そのとき，なぜその資格が
必要なのかを具体的に説明できるならば，より多くの協力を得られ
ます。周囲からの支援を受けることで，少ない時間とお金で実現へ
と近づくことができるのです。

4　早速始めてみよう

　この章の最後に，『自分自身の「２年後の未来像」を映像化する』
の目的について説明していきたいと思います。

　まず大切なことは「２年後の未来像」から，自身の“やりたいこ
と”と“できること”を区別することです。区別してみると，ほと
んどの人にとって，現在の“できること”と“やりたいこと”の関
係は，図表19.1(a)のようではないでしょうか。

図表19.1　現在と2年後

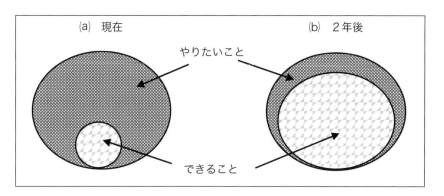

そのため，今できることから2年後を見てしまうと「できること
は何もない」とネガティブになりがちです。だから逆に自分をわく
わくさせる2年後を映像化することで，2年後に向かってできるこ
とを大きくしていけばよいと思います。図表19.1(b)のように，やり
たいこととできることが一致するようになれば，おそらく2年後の
映像は現実となっているでしょう。

　そのためにはできることを大きくする努力が必要です。ただし，
2年後の映像に行きつく方法は何千通り存在します。例えば，サン
フランシスコへ行きたいとします。まず飛行機で行くのか，船で行
くのか選ぶことができます。また飛行機で行く場合，成田からの直
行便で行く方法もあるし，ヨーロッパ経由で行く方法があります。
目的地さえはっきりしていれば，必ず到達できるはずです。2年後
の映像もこれと同じです。2年後は，生きてさえいれば誰にでも訪
れます。そのとき2年前に描いた姿に近い状態になっていれば，そ
の間はどのような経験を積んでいても構わないと思います。

　どんな形でスキルを付けていけば良いかわからないという人もい
るかもしれません。そこで，2年後の映像から時間を巻き戻す方法

で，2年後に向かってどのようにスキルを付けていくのかを提案したいと思います。この方法は，図表19.2のように2年後の映像をもとに，その間に目安となる目標を決めることです。

　では，どうやってできることのためのスキルを積んでいけばよいのでしょうか？　例えば，この本の第Ⅱ部は，「具体的にアルバイトとして働いたときどんなスキルを身に付けておくといいか」という入門書として書かれています。それを手がかりにより難しい専門書を読んだり，アルバイトで経験を積んでみたりすることができると思います。あるいは身近に頼れる人がいればその人に，もしくはキャリアコンサルタント（職業の選択，職業生活設計または職業能力の開発および向上に関する相談に応じ，助言および指導を行う専門家で，ハローワークや大学のキャリアセンターなどにいます）のような専門家に相談してみるのもいい方法だと思います。

図表19.2　2年後の映像を巻き戻す

　先ほどの飛行機の例のように，どのようなやり方でも構いません。思いがけないことで立ち止まったり，逆に2年後の映像の実現を加速させるような出来事に出会ったりするかもしれません。2年後の映像を実現させる方向へ進んでいるかどうか，確認作業や軌道修正を繰り返しながら，2年後の映像が実現できるように頑張ってください。

Q. 2年後の映像を巻き戻して，1か月後・半年後・1年後何をしているといいか考えてみましょう。

第20章

働く意欲を保つアルバイトの選び方

⟨イントロダクション⟩

　アルバイトに限らず，皆さんがいずれ行う就職活動においても同様ですが，仕事を選ぶ際に見るべきポイントが4つあります。それは自身の，①興味（やりたいこと），②能力（できること），③価値観（大事にしたいこと），④役割（やるべきこと）と言われていて，それを知ったうえで仕事と自分をマッチングさせるという方法があります。もちろん，相手があることなので自身が合うと思っても，採用側から見ればそうではないということもありますので，自分を知ることだけではなく，相手（採用側の場所や仕事内容など）を知っておくことも大切です。特に，普段お客さんとして行くようなお店でも，見えているのは表側の華やかな部分だけですから，見せていただける範囲で裏側を見たり，そこで働く人の話を聞いたりすることが大切です。

1　興味と意欲

　あなたが新しいことを始めようと思ったときのことを思い出してみてください。全く興味のないものよりは興味のあることに挑戦する方が取り掛かりやすいと思ったことや，始めてからも面白さを感じて，もっとがんばってみようと思いませんでしたか。実は，アルバイトにも似たようなところがあります。

　普段よく行く店のしくみはどうなっているのだろうとか，いつも目にしたり口にしたりしている商品が工場でどのように作られているのだろうなど，何気ない日常の風景も疑問を持って見直すことに

よって興味がわきませんか。そして，興味を持ったことに取り組ん
でみると，それを面白いと感じることや，期待したほどでもなかっ
たという自分の気持ちに気づくかもしれません。もし，少しでも面
白いと感じたらそれを極めてみるのもいいでしょう。ただし，ここ
で注意も必要です。興味のあることは何だろう？　面白そうだと思
うことがなかなか見つからないけど，どうしたらいいだろう？　と
思った人もいるのではないでしょうか。見つからないから始められ
ないと思うのではなく，始めることで興味が持てそうなものや面白
いものに出会うこともありますから，まずは一歩踏み出してみるこ
とが興味や面白さの始まりかもしれませんね。

2　能力と意欲

　　前節の最後に面白いと感じたらもう少しそれを極めてみましょう
と書きましたが，要は "好きこそものの上手なれ" ということです。
　　ある日，学生が「今度，接客コンテストの全国大会に出るので，
挨拶や言葉遣いを聞いてくれますか」とやってきました。よく聞く
と，アルバイト先のファミリーレストランで常連のお客さんから接
客態度を褒められたことがきっかけで，その仕事を楽しいと思うよ
うになり，さらに自分なりの工夫をするようになったそうです。そ
んなある日のこと，その様子を見ていた店長から全店を対象とした
接客コンテストの出場を推薦されたのだそうです。興味をもって始
めたことから，その仕事が好きになって，仕事に必要な能力（スキ
ル）が上達することで，周りから信頼されたり任されたりする良い
例と言えるでしょう。
　　アルバイトに限らず，皆さんも今までに習い事や部活動，勉強を
通して最初は苦手だったけれど，やっていくうちに実力がついてき
たという経験を少なからず持っているのではないでしょうか。アル

バイトでは次の３つの意味で皆さん自身の能力を伸ばすために，ぜひがんばってみることをお勧めします。

　１つ目は，今までも得意だった分野の力をさらに伸ばすことです。暗算が得意な人はそれを活かして計算を必要とする仕事で，さらにその能力を高めるということです。

　２つ目は，苦手分野を克服して自分にできること（能力）を増やすことです。

　初めて会う人に声をかけるのは苦手という人も少なくないと思いますが，それが仕事であればやらざるを得ないし，繰り返すうちに少しずつ慣れることもあります。敢えてチャレンジしてみることでできることを増やしてみましょう。

　３つ目は，自分も知らない，未知の力を見つけることです。

　勉強や部活，習い事などで経験したことは自分でもそれが得意か不得意かを判断できますが，やったことがないことは判断できません。アルバイトを通して，新たな得意分野を見つけてみましょう。

3　価値観と意欲

　働くうえでの価値観とは何にあたるでしょう。これは人によっても違ってきますが，まずは労働条件（勤務場所や勤務時間，休日休暇や賃金，仕事内容他）が多いでしょう。例えば，目的があってお金を稼ぎたいと思う人は時給にこだわるでしょうし，自分の時間を

大切にしたい人は休みやすい職場を選ぼうと思うかもしれません。そして，それらはその人が何に価値を認めるかということですから，何が良くて何が悪いというものではありません。それに，価値観は労働条件に限ったことでもないのです。アルバイトを始めるきっかけが新たな友人探しという人は，アルバイト先で働く人たちの人数や年齢構成，男女比が気になるでしょう。そこで恋人ができれば，さらにアルバイトにいくことが意欲につながるかもしれません。

　また，一人暮らしをしているため賄い付きは必須と考える人もいます。賄いとは，アルバイト先が用意してくれる食事のことで，勤務時間が昼食や夕食にかかる際に用意してもらえることが多いようです。生活費の節約や栄養のバランスを考えると，確かに美味しい賄いも働く意欲につながるといえるかもしれませんね。一方で，前項で扱った"能力"という部分に着目して，大学生のうちに苦手分野を克服したいという背景が価値観となってアルバイトを始める人もいるでしょう。

Q. あなたの働く意欲につながりそうな価値観は何ですか？

4　役割と意欲

　　ドナルド・E・スーパーは「キャリア」を単なる職業だけではなく、個人が経験する多様な役割，例えば，生まれてすぐにわれわれは親に対して"子ども"という役割を持ち，成長に伴い"学ぶ人"という役割の中で学校に通ったりしながら学ぶことに従事するという役割も持つようになり，またボランティアをしたり選挙に行ったりという"市民や国民"としての役割…など人が経験する多様な役割と，その取り組み方によって構成されると言っています。アルバイトや就職して働くことも"労働者"としての役割になります。われわれが生きている社会は，共に役割を担って成り立っています。皆さんが食べているもの，着ているものなど一つひとつ取り上げてみても分かる通り，それを作っている人がいて，運ぶ人がいて，売る人がいるから，われわれはそれを手にすることができています。

　　そういう意味では，あなたがアルバイトをすることで誰かの役に立ち，ありがたいと思って感謝されることもきっとあるでしょう。アルバイトをしながら，今自分が携わっていることにどのような意味があるのか，この仕事が何につながっているのかを考えてみると，それは意外と自分の身の周りだけではなく，世界とつながることもあるかもしれませんよ。外国から来ている人があなたの丁寧な接客を通じて日本に好印象を持つこともあれば，あなたに人生の先輩として憧れを持つ子どもたちがいるかもしれません。

Q. あなたはアルバイトでどのような役割を担いますか？

5　さらなる勉強のために

　この章までに働く意欲の保ち方ということで，欲求には段階があるということや，時間を忘れて没頭するような状態，また意欲が保てるようなアルバイトを探すための方法などについて説明してきました。しかし，どんなに良いと思って選んだアルバイトでも，またどんなに好きな仕事内容であっても，最初は満足していたその気持ちを高いままキープするのは非常に難しいのも事実です。失敗すれば叱られることもあるでしょうし，仲が良い仲間とも言葉の行き違いなどによって気まずくなることも多少はあるかもしれません。

　そのようなときには，そのアルバイトを始めたきっかけを思い出したり，今アルバイトに求めていること（段階）を考えてみたり，また教わったことを少し客観視して，新たなより良い方法を考えてみたりしながら，自分の意欲がどのようにしたら保てるのかを知っておくと社会人になってからその経験も活きてくるでしょう。

第V部 おわりに

「なるほどなぁ。目標型と展開型があるのか〜。自分は確かにアルバイトから影響を受けているし，おそらく展開型かな〜。2年後の映像化も，取り組む前は難しいと思っていた。でも時間は掛かったけど，2年後のある1日って現在の1日の延長だって思えると，意外に書けるものだなぁ…。とは言うもののまだ自分がどうしたらよいのかがわからない…『2年後，自分がどうなっていたいか』もっと具体的に書けるようになりたいなぁ。どんな仕事をやっているか全くわからないけど，やっぱりたくさんの『ありがとう』がもらえていたらいいな！」。

「それと働くモチベーションを維持していくのは難しいのか。後輩が辞めてしまったのもそうだったのかもしれない…。アルバイトのうちから自分の意欲やモチベーションを維持していく方法を模索（もさく）しておくと社会人になってからも維持できそう！　よし！　これからの課題も見つかったし，2年後をより具体的に映像化して，それを実現できるように頑張るぞー!!!」

いかがでしたか？　ケイスケ君は少し変わったようです…。皆さんは自分の将来を具体的に映像化できましたか？　どんな仕事につこうかと迷っている人は，なにか摑（つか）めましたか？　どんなことでも何かのために一生懸命になった経験はきっと何かの役に立ちます。例えば，苦手なことを克服することでも，自分の得意なことをさらに伸ばしてあげることでも構いません。ちょっとしたことからでも自分の夢が見つかるかもしれませんね。

コンビニ

飲食店

アパレル

自分がどんな
職場で働きたいかの
イメージがぁ…

　また自分の夢を見つけたら，ぜひその夢に一歩近づく方法を考えてみてくだ
さい。これまで夢に向かってなかなか一歩を踏み出せていない人を見かけます。
一歩踏み出した後でも夢は変えてよいのです。まず気軽に１歩踏み出してみて
はいかがですか？

　過去は変えることができません。しかし未来は変えることができます。未来
を変える方法は簡単です。現在の心がけや行動が「どんなことに役立っている
のか」を意識するように変えるだけです。後悔先に立たず。将来みなさんが「あ
のとき頑張っておいてよかった」と思えるように少しだけ努力をしてみません
か？

　将来が具体的にイメージできるようになればなるほど，やりたいことが見え
てきます。ちょっとした時間で構わないので，継続的に自分の将来を考えてみ
ましょう。繰り返しになりますが，日ごろの心掛けや行動が大切ですよ。そし
てできれば自分の将来に関わるアルバイトをやってみてはいかがでしょうか？

あとがき

　皆さんはこの教科書を読んでどう思いましたか？　アルバイトから学ぶことは本当にたくさんあります。ただお金だけを獲得する時間とするのではなく，仕事に興味を持ち，理解することで効率が良くなり，働くことが楽しくなるかもしれません。そして，そのことで「給料が増える」という結果につながるかもしれません。

　将来どんな仕事がしたいのか，何が自分にあっているのかわからない人もいると思います。例えば，大学にはキャリアセンターやゼミの先生など就職活動の相談に乗ってくれるところが準備されています。後は自分から一歩踏み出すだけです。そのためにこの教科書が少しでも役に立てば幸いです。

▶ 今後の勉強のために ◀

各章に関して，理解を深めるための有用な良書を幾つか紹介します。

第2章，第3章

基本となる3冊の文献を紹介します。

- ●石原武政・竹村正明・細井謙一編著『1からの流通論（第2版)』，碩学舎，2018年。
- ●高嶋克義著『現代商業学』，有斐閣，2012年。
- ●満園勇著『商店街はいま必要なのか―『日本型流通』の近現代史』，講談社現代新書，2015年。

これらを読み解くことができたら，少し古い文献になりますが，次の3冊を読んでみると良いでしょう。

- ●佐藤肇著『日本の流通機構―流通問題分析の基礎』，有斐閣大学双書，1974年。
- ●柏尾昌哉著『商業学総論―消費者視覚からの分析　改訂版』，実教出版，1979年。
- ●橋本勲著『現代商業学』，ミネルヴァ書房，1971年。

文献も古いものになれば，書き方も難しくなっていますが，過去の貴重な資料は必ずや皆さんの学びにとって有意義なものとなるでしょう。

第4章，第5章

あなたが経済学部に所属している，もしくは経済学部がある大学に所属している学生で，労働市場のしくみに興味を持っているならば，大学に設置されている科目の「労働経済学」を学ぶといいと思います。今回は労働経済学の初歩をさっと眺めただけです。さらに勉学を進めると，賃金格差や失業の構図などの理解を深めることができます。同時に「マクロ経済学」や「ミクロ経済学」も学ぶと労働経済学の理解をさらに深めることができます。

　それ以外の方は，太田聰一先生と橘木俊詔先生が書かれた『労働経済学入門』を読むといいと思います。労働経済学だけでなく，データの見方なども紹介しています。また大竹文雄先生の『労働経済学入門』も参考になるでしょう。この本は経済学の理論をある程度理解していないと難しい部分もありますが，新書ながらきっちりと書かれており，この1冊を読むだけでかなりの力がつくと思います。「マクロ経済学」や「ミクロ経済学」に関しては，『マンキュー入門経済学』をお勧めします。少し分厚い教科書ですが，経済学の基礎が詰まった良書だと思います。

- 太田聰一・橘木俊詔著，『労働経済学入門 新版』，有斐閣，2012年。

- 大竹文雄著，『労働経済学入門』，日経文庫，1998年。

- グレゴリー・マンキュー著，足立英之・石川城太・小川英治・地主敏樹・中馬宏之・柳川隆訳，『マンキュー入門経済学 第2版』，東洋経済新報社，2014年。

第6章，第7章

　初心者向けに所得税法とその訴訟手続き等を分かりやすく解説している書籍として，『日本一やさしい　税法と税金の教科書』，『弁護士が教える分かりやすい「所得税法」の授業』など4冊を紹介します。

　また暮らしに係る税情報をイラストとともに分かり易く解説されている『暮らしの税情報』もおすすめします。これは約50ページの冊子で，各税務署で無料配布されています。

- 西中間浩著『日本一やさしい　税法と税金の教科書』日本実業出版社，2019年。

- 木山泰嗣著『弁護士が教える分かりやすい「所得税法」の授業』光文社，2014年。

- 両@リベ大学長著『本当の自由を手に入れる　お金の大学』朝日新聞出版，2021年。

● ヒロ☆税理士監修『まんがで分かる　フリーランス　お金の教科書』コスミック出版，2021年。

● その他，国税庁HP，税務署窓口にある冊子，パンフ等

第8章〜第10章

　簿記や会計に関してさらなる理解を深めたいと思うならば，以下のテキストが参考になると思います。

● 滝沢ななみ著，『日商簿記3級 みんなが欲しかった！ やさしすぎる解き方の本』第4版，TAC出版，2021年。

● 天野敦之著，『会計のことが面白いほどわかる本〈会計の基本の基本編〉』，KADOKAWA／中経出版，2012年。

● 金子智朗著，『理論とケースで学ぶ財務分析』，同文舘出版，2020年。

● 大手町のランダムウォーカー著，『会計クイズを読むだけで財務3表がわかる　世界一楽しい決算書の読み方』KADOKAWA，2020年。

● 加藤盛弘・志賀理・上田幸則・川本和則・山内高太郎・豊岡博著，『会計学の基本』第2版，森山書店，2013年。

第11章〜第13章

　これらの章の理解を深めたいと思うならば，以下のテキストが参考になると思います。

● アブラハム・H・マスロー著・上田吉一訳，『完全なる人間　魂のめざすもの 第2版』，誠信書房，1998年。

● アブラハム・H・マズロー著・小口忠彦訳，『[改訂新版] 人間性の心理学 モチベーションとパーソナリティ』，産業能率大学出版部，1987年。

● M.チクセントミハイ著・大森弘訳，『フロー体験入門　楽しみと創造の心理学』，世界思想社，2010年。

第14章，第15章

　企業組織や人間関係に興味を持った人は次のような勉強をするとよいでしょう。経営学部や商学部に所属している学生ならば，大学に設置されている科目の「経営学総論」「経営管理論」「経営組織論」「人的資源管理論」「人間関係論」などの科目を学ぶといいと思います。それ以外の学部の大学生や一般の方などは，一般的に販売されている「経営学入門系の本」を読んで，基礎的な知識を身につけてから，「経営管理系の本」「人事労務系の本」などを読むことをお勧めします。

- メイヨー著・村本栄一訳，『新訳産業文明における人間問題』，日本能率協会，1967年。
- 桜井信行著，『新版人間関係と経営者　エルトン・メーヨーを中心として』，経林書房，1971年。
- レスリスバーガー著・野田一夫・川村欣也訳，『経営と勤労意欲』，ダイヤモンド社，1965年。
- C.I.バーナード著・山本安次郎訳，『新訳　経営者の役割』，ダイヤモンド社，1968年。
- 金井壽宏著，『働くみんなのモティベーション論』，NTT出版，2006年。

第16章～第20章

　これらの章の理解を深めたいと思うならば，以下のテキストが参考になると思います。

- 大久保幸夫著，『キャリアデザイン入門 [I] 基礎力編 第2版』，日経文庫，2016年。
- 渡辺三枝子編著，『新版キャリアの心理学　キャリア支援への発達的アプローチ 第2版』，ナカニシヤ出版，2018年。

編著者

佐野　薫（大阪学院大学経済学部准教授）

江利川　良枝（名古屋学院大学商学部講師，キャリアコンサルタント）

髙木　直人（名古屋学院大学商学部教授）

担当執筆者

髙木　直人，佐野　薫：第1章

岡田　一範（東海学園大学経営学部講師）：第2章・3章

佐野　薫：第4章・5章

紙　博文（元大阪学院大学経済学部教授）：第6章・7章

豊岡　博（名古屋学院大学商学部教授），渡部　仁彦（大阪学院大学高等学校事務）

：第8章・9章・10章

江利川　良枝：第11章・12章・13章・17章・20章

髙木　直人：第14章・15章

奥田　悠加（大阪学院大学卒業生），山下　ひとみ（大阪学院大学卒業生）

：第16章・各部「はじめに」「おわりに」

福井　康人（キャリアコンサルタント），佐野　薫：第18章・19章

イラスト（本文・カバー）

陶山　あんこ

アルバイトから学ぶ仕事入門〈第2版〉

2019年4月25日　第1版第1刷発行
2020年1月30日　第1版第2刷発行
2022年5月1日　第2版第1刷発行

編著者　佐　　野　　　　　薫
　　　　江　利　川　良　枝
　　　　髙　木　　直　人
発行者　山　本　　　　継
発行所　㈱　中　央　経　済　社
発売元　㈱中央経済グループ
　　　　パブリッシング

〒101-0051　東京都千代田区神田神保町1-31-2
電話　03 (3293) 3371 (編集代表)
　　　03 (3293) 3381 (営業代表)
https://www.chuokeizai.co.jp
印刷／昭和情報プロセス㈱
製本／㈲井上製本所

©2022
Printed in Japan